Fränkische + Schwäbische Rezat

Fränkische + Schwäbische Rezat

Text: Werner A. Widmann
Fotografie: Hans Raab
Illustration: Klaus Selz
Verlag: Fritz Majer & Sohn

FMS

Fränkische + Schwäbische Rezat
Ansbach
Lichtenau
Fränkische Rezat
Altmühlsee

Allersberg
Abenberg
Roth
Windsbach
Kleine Roth
Georgensgmünd
Spalt
Hilpoltstein
Obere Roth
Heideck
Brombach-
see
Rezat
Schwäbische
Thalach
Pleinfeld
Thalmässing
Greding
Ellingen
Weißenburg

Text: Werner A. Widmann, 8000 München
Foto: Hans Raab, Sinderlach, 8820 Gunzenhausen
Titel, Layout, Illustration: Klaus Selz, 8802 Wolframs-Eschenbach
Satz und Herstellung: Druckerei und Verlag Fritz Majer & Sohn, 8811 Leutershausen
Reproduktionen: Hetzner GmbH, 8500 Nürnberg
Bindearbeiten: Großbuchbinderei Georg Gebhardt, 8800 Ansbach

Printed in Germany

ISBN 3-922 175-28-7

Fränkische + Schwäbische Rezat

Register

Von einem Dreieck zwischen Jura und Keuper

Ob es einen Sinn hat, Stammeslandschaften und Kulturepochen zueinander in Beziehung zu bringen? Verlokkend ist es schon, zumal in Bayern, einem Land, das den Vorzug hat, Lebensraum dreier Stämme, der Schwaben, Franken und Altbayern, zu sein. Alle drei unterscheiden sich in Herkommen und Charakter doch einigermaßen. Um uns die Sache leichter zu machen, teilen wir Bayern in nur zwei Lebensräume und lassen als Grenze dabei die Donau gelten, die ja auch ziemlich eine Wetterscheide zwischen Nord- und Südbayern und für manchen Altbayern der „Weißwurstäquator" ist, wobei die Franken den Donaustrom dann im Gegenzug freilich als „Bratwurstäquator" ansehen könnten.

Doch nun zum Vergleich. Dem Bayernland südlich der Donau wird ohne Zweifel die Epoche des Barock zuzurechnen sein, die vor allem schon als Kürzel für den Charakter der dort lebenden Altbayern stehen kann, den keiner besser beschrieben hat als der erste ernst zu nehmende Geschichtsschreiber dieses Stammes, der in Abensberg in der Hallertau geborene Johannes Aventinus, der mit bürgerlichem Namen Johann Turmair hieß und ein Wirtssohn gewesen ist. Er, der von 1477 bis 1534 gelebt hat, schreibt in seiner „Chronik", die erst nach seinem Tod herauskommen konnte: „Das baierische Volk ist kirchlich, schlecht und recht, geht und läuft gerne wallfahrten, hat auch viele kirchliche Aufzüge; . . . Der gemeine Mann, der auf dem Lande sitzt, gibt sich mit Ackerbau und Viehzucht ab, liegt dem allein ob, darf sich nichts ohne Geheiß der Obrigkeit unterstehen, wird auch in keinen Rat genommen . . . Doch ist er sonst frei, mag auch freies, lediges, eigenes Gut haben, dient seinem Herren, der sonst keine Gewalt über ihn hat, mit jährlicher Gült, Zins und Scharwerk, tut sonst, was er will, sitzt Tag und Nacht bei dem Wein, schreit, singt, tanzt, kartet, spielt, mag Wehr tragen, Schweinsspieß und lange Messer. Große und überflüssige Hochzeiten, Totenmahle und Kirchweihen zu haben ist ehrenhaft und unsträflich, gereicht keinem zum Nachteil, bekommt keinem übel."

Dieses Urteil über die Altbayern, zu gotischer Zeit niedergeschrieben, berechtigt uns also dazu, die Bayern südlich der Donau als barocke Menschen einzustufen, auch wenn es das wunderschön gotische Landshuter Stadtbild gibt, den gotischen Riesenbau der Münchner Frauenkirche und überall im Land andere prachtvolle Gotik, vom einstigen Augustiner-Chorherrnstift in Berchtesgaden bis hinüber zur Memminger Martinskirche. Vorherrschend sind doch die Zwiebeltürme und das Theatralische der barokken Kirchenräume, die mit dem Übermut ihrer Heerscharen kleiner Engel weniger zum Grübeln als zum frohen Hoffen veranlassen.

Die kleinen Barockengel fehlen auch in Franken keineswegs und es ist allerhand barocke Lebensfreude, was da Künstler in die geistlichen Residenzen und Sommerschlösser zu Würzburg, Bamberg, Eichstätt oder Pommersfelden hineingeschafft haben, vom fürstlichen Glanz der markgräflichen Bauten zu Bayreuth und Ansbach gar nicht zu reden. Aber gibt es nicht zu denken, daß Frankens Barock kaum von Franken installiert wurde, sondern zum großen Teil von angereisten Künstlern stammt? Tiepolo kam aus Italien und malte die Würzburger Residenz aus, Balthasar Neumann ist im (zwar stammesnahen) Eger geboren, die Dientzenhofer stammen aus dem bayerischen Inntal und die Pracht des Gnadenaltars in Vierzehnheiligen ist ein Werk Johann Michael Feichtmayrs, der aus Wessobrunn bei Weilheim kommt, jenem berühmten Ort, der im 17. und 18. Jahrhundert so viele Kunsthandwerker und Künstler, allen voran die beiden Zimmermanns, Dominikus und Johann Baptist, in fast alle Länder Europas schickte.

Also ist es so gefehlt nicht, wenn man Franken ein gotisches Land nennt, auch wenn der große Tilmann Riemenschneider zwar in Würzburg gelebt und gewirkt hat, dort aber nicht geboren ist. Da sind aber neben ihm die großen Nürnberger Meister, angeführt von Albrecht Dürer, da ist der mit einiger Sicherheit in Aschaffenburg geborene „Mathis der Maler", Matthias Grünewald, und da sind so viele gotische Kirchen in Dörfern und Märkten. Kann man aber nicht vor allem die fränkischen Reichsstädte, allen voran Nürnberg und Rothenburg o.d.T., als gotisch bezeichnen? Das Zeitalter der Gotik ist ja schließlich die Blütezeit des Bürgertums, aufgeteilt in Patriziat und Handwerk. Der italienische Maler, Baumeister und Kunstschriftsteller Giorgio Vasari, der Namensgeber dieser Kulturepoche, meinte sein „il gotico" ja eher als Schimpfwort, weil er die einstigen Goten als Barbaren ansah. Erst die Romantiker an der Schwelle zum 19. Jahrhundert haben der Gotik wieder zu Ehren verholfen. Da mag es dann gar nicht mehr anders sein können, daß Städte wie Rothenburg o.d.T. und Dinkelsbühl heute an einer „Romantischen Straße" liegen, da der Tourist ganz offensichtlich den gotischen Charakter dieser Orte gerade in unseren Tagen als den Inbegriff des „Romantischen" empfindet.

Der fränkische Dichter und Essayist Hans Max von Aufsess, daheim in der höchst romantischen Fränkischen Schweiz, spricht von der „Vielfalt Frankens" und meint, es lasse sich aus dieser Vielfalt der Charakter Frankens und seiner Bewohner kaum eindeutig festlegen. Ein „Gewürfelter" sei er, der Franke, stellt Aufsess auch fest. Und ein Würfel sei eben weder Kugel noch Kubus, weil er dank seiner abgerundeten Ecken rolle und stehe. Mit diesen Fähigkeiten könne sich der gewürfelte Franke in seiner vielfältigen Welt gut behaupten. Die Vielfalt, die auch eine ihrer Kennzeichen ist, besonders in der Architektur, kann uns – wenn wir den guten Willen dazu haben – wieder zur Gotik bringen, jener Epoche, in der in ganz Europa die Dombauhütten blühten. Sie hüteten Privilegien, wahrten Geheimnisse, umgaben ihren einmaligen Beruf mit viel Würde und mit nicht wenig Mystik. Diese, dazu Theologie, Philosophie und nicht zuletzt Geometrie bildeten die Fundamente ihrer Existenz. Aus der Geometrie entwickelten sie die Vielfalt der Formen und brachten alles ins richtige Verhältnis zueinander. In der Geometrie verbarg sich für die Bauhüttenleute göttliche Symbolik. Der Kreis als vollkommenste geometrische Figur versinnbildlichte göttliche Vollkommenheit, das Quadrat die Gemeinde Gottes, der rechte Winkel die Gerechtigkeit und das Dreieck die Heilige Dreifaltigkeit. Somit sollte man beim Betrachten gotischer Bauwerke bedenken, daß Gewölbe, Pfeiler, Fialen oder Kreuzblumen nicht nur aus den vier genannten geometrischen Figuren gewonnene architektonische Elemente sind, sondern auch als geistiger Kosmos einer ganzen Epoche gesehen werden müssen.

Nach so viel Umschweif wären wir nun bei unserem Thema endlich glücklich angelangt. Einem Dreieck ist ja auch dieses Buch gewidmet, jenem, das zwei Flüsse, die Fränkische und die Schwäbische Rezat, bilden. Die drei Spitzen liegen dabei auf der Frankenhöhe bei Oberdachstetten, bei Georgensgmünd (das die Franken gern auch „Schorschlasgmünd" nennen) und bei Weißenburg. Auf der Frankenhöhe entspringt die Fränkische Rezat, südlich von Weißenburg die Schwäbische Rezat und bei Georgensgmünd kommen sie zusammen, bilden von nun an die Rednitz, ehe sich der Name dieses Flusses bei der Vereinigung mit der Pegnitz (im Stadtgebiet von Fürth) in Regnitz verwandelt. Unter diesem Namen eilt der aus den beiden Rezat gebildete Fluß schließlich dem Main zu, erreicht ihn bei Bamberg. Die Wasser der beiden Rezatflüsse sind also über Main und Rhein für die Nordsee bestimmt.

Nahezu ein rechtwinkliges Dreieck bilden die beiden Flüsse. Der rechte Winkel liegt, wie gesagt, an der Stelle ihrer Vereinigung bei Georgensgmünd. Um ein rechtwinkliges Dreieck (und nicht nur ein Winkel mit zwei Schenkeln) zu sein, benötigen die Fränkische und die Schwäbische Rezat in ihrer Eigenschaft als Katheten noch eine Hypotenuse, die längste Linie eines rechtwinkligen Dreiecks. Als Hypotenuse bietet sich die Altmühl an, was ein Blick auf die Landkarte sofort bestätigt. Die Altmühl entspringt schließlich nahe der Quelle der einen Kathete, der Fränkischen Rezat, und eilt nach Süden, wo sie zwischen Gunzenhausen und Weißenburg auf die andere Kathete trifft, die Schwäbische Rezat, beziehungsweise so nah an ihrer Quelle vorbeikommt, daß schon 793 Kaiser Karl der Große die beiden Flußsysteme durch einen Graben verbinden lassen wollte und damit eine erste Großschiffahrtsstraße Rhein-Main-Donau gewonnen hätte, wenn diese auch mehr eine Kleinschiffahrtsstraße gewesen wäre. Doch davon später.

Unser Dreieck, das auch so einen romantischen (und durchaus gotischen) Ort wie Wolframs-Eschenbach mit einschließt, haben wir nun. Es erstreckt sich zwischen zwei bedeutenden Landschaften Frankens: dem Fränkischen Jura, an dem vor allem die Schwäbische Rezat Anteil hat, und dem „Frankenkeuper", der ein weites Gebiet ausmacht und zu den Trias-Schichten gehört, die sozusagen Frankens „Schicksalssteine" sind: Buntsandstein, Muschelkalk und Keuper. Mehr als die Hälfte Frankens gehört zum Trias, dessen drei Formationen an und für sich schon wieder Vielfalt sind und eine weitere fränkische Vielfalt hervorbringen, diejenige des Frankenweins: im Keuper reifen etwa die Iphöfer, im Muschelkalk zum Beispiel die Würzburger Weine und im Buntsandstein ist der „Klingenberger" besonders berühmt.

Der Keuper ist zwar auf unserem Erdball keine fränkische Exklusivität, doch ist sein Name eine fränkische Erfindung. Gottlieb Hornschuch (1746–90), Professor am Coburger „Gymnasium Casimirianum", hörte die Bauern die bunten Schichten „Keiper" nennen und übersetzte dies als „Keuper" ins vermeintlich Hochdeutsche. In die Welt der Wissenschaft hat den Namen dann endgültig der Geologe und Vulkanforscher Leopold von Buch (1774–1853) eingeführt, der 1821 die entsprechenden Schichten im Coburger Land untersuchte und ihnen den dort nun schon üblichen Namen gab.

Schwerarbeit bei der Gestaltung der fränkischen Trias-Landschaft hat das Urmeer Tethys geleistet, dessen Wassermassen von recht unruhiger Art gewesen sind. Noch im Zurückweichen und Austrocknen bildete die Tethys immer wieder Golfe, schwappte in Landbuchten hinein, zog sich wieder zurück, kam irgendwann wieder. Die Wasser brachten Sinkstoffe mit sich, feinste Sande, aber auch Flora und Fauna. Schickte die Tethys ihre meist flachen Wasserzungen, kam es zu Schlammablagerungen, vor allem des Muschelkalks, herrschten hingegen trockene Festlandzeiten, dann lagerte sich der umliegende Erosionsstaub ab und wurde später zum Buntsandstein zusammengepreßt. Während der Keuper-Periode wechselten Flachmeer und Festland verhältnismäßig oft und hinterließen dadurch eine besonders vielfältige Erdformation. Das ist, etwas einfach gesagt, die Erdgeschichte der fränkischen Trias, also auch des größten Teils unseres „Zwei-Flüsse-Dreiecks", soweit es nicht im Süden zur Frankenalb gehört.

Bilden Fränkische und Schwäbische Rezat mit dem westlichen Abschluß durch die Altmühl ein flaches Dreieck, so lassen sich noch zwei weitere, diesmal keilförmige Dreiecke feststellen, die mit der Europäischen Wasserscheide zusammenhängen, die von Spanien bis zum Ural verläuft und die Einzugsgebiete der nördlichen und südlichen Meere trennt, wobei diese Linie in unserem Raum lediglich zwischen Nordsee (Main-Rhein) und Schwarzem Meer (Donau) scheidet. Die Altmühl, zum Einzugsgebiet der Donau gehörend, treibt dabei einen Keil bis zur Frankenhöhe hinauf, die Regnitz aber, zum Main entwässernd, bildet mit der Schwäbischen Rezat einen weit nach Süden vorstoßenden Keil. Die Erdgeschichte unseres Raumes treibt also ein Spiel mit Dreiecken, wie man sieht. Die Frankenhöhe ist dabei ein recht bedeutender Quelltopf, entspringen hier doch Wörnitz und Altmühl, die zur Donau fließen, sowie Fränkische Rezat, Aisch und Zenn, die über die Regnitz zum Main gelangen und die Tauber, die ihren Weg direkt zum Main nimmt. Man sieht es der ebenso bescheidenen wie reizvollen Frankenhöhe nicht an, welch großer Wasserverteiler sie ist.

Die Kräfte der Erdgeschichte sind uns nun in groben Zügen bekannt. Die Menschheitsgeschichte hält sich in ihren Anfängen an die Gegebenheiten, welche die Natur geschaffen hat. So finden zur Altsteinzeit die Menschen vor allem in den Höhlen und auf den flachen Anhöhen des Jura geeignete Lebensbedingungen. Nachweise menschlichen Lebens werden für den Bereich der beiden Rezatflüsse erst ab der Jungsteinzeit häufiger. Weite Wälder bedeckten damals das Gebiet und machten es unwirtlich. Noch die Römer grenzen ihr Reich mit dem Limes dort ab, wo der fast unbewohnte „Keuper-Urwald" beginnt. Nur im obersten Teil der Schwäbischen Rezat, bis Ellingen hinauf, gehört unser Gebiet zu dieser Zeit sozusagen schon der Weltgeschichte an, dokumentiert durch die Römerkastelle von Weißenburg und Ellingen. Auch mußten die Römer aus dem Raum des heutigen Franken keine Angriffe erwarten, solange dort die ihnen freundschaftlich gesinnten swebischen Hermunduren saßen, ein Germanenstamm, der mit den Römern sogar Handel trieb. Gefahr kam erst im dritten Jahrhundert auf, als von Westen her die Alemannen vordrangen. Der Alemannensturm der Jahre 259/60 ließ die Römer dann wieder an die Donaulinie zurückweichen. Die Alemannen drangen auch ins Gebiet der Altmühl und der Schwäbischen Rezat vor, wurden aber dort Ende des 5. Jahrhunderts von den Franken zurückgedrängt, die schließlich 746 mit dem „Cannstatter Gerichtstag" das Herzogtum der Alemannen auflösen konnten. Der Altmühlraum und das Gebiet unserer beiden Rezatflüsse läßt aber heute noch erkennen, daß hier das Zusammentreffen alemannischer, fränkischer und bayerischer Kräfte ein recht interessantes Nebeneinander in Sprache und Brauchtum hinterlassen hat.

Spätestens mit dem Beginn des 7. Jahrhunderts wurde das „Sualafeld", zu dem das Land an der oberen Altmühl und an der Schwäbischen Rezat gehörte, auch mit dem Christentum bekannt. Die drei heiligen Geschwister Willibald, Walburga und Wunibald, aus England kommend, missionierten dann im 8. Jahrhundert endgültig. Zwischen 741 und 745 gründete der heilige Bonifatius das Bistum Eichstätt und setzte Willibald als Bischof ein. Das war der Anfang eines künftigen Fürstbistums und Hochstiftes Eichstätt, dessen weltlicher Herrschaftsbereich kleiner war als das Gebiet der geistlichen Diözese. Immerhin stellte das Fürstbistum eine bedeutende weltliche Macht, auch in unserem „Zwei-Flüsse-Dreieck" dar. Eine weitere, kleinere geistliche Herrschaft bildete der Deutschherrenorden mit seiner Residenz in Ellingen und verstreuten Besitzungen, zu denen auch Wolframs-Eschenbach gehörte, wenn es auch die Deutschherren besonders angesichts der mächtigen Markgrafschaft Brandenburg-Ansbach nicht leicht hatten, einigermaßen ihre Selbständigkeit zu bewahren.

Die größte weltliche Herrschaft im Gebiet der beiden Rezatflüsse wuchs ab dem späten 13. Jahrhundert mit der Markgrafschaft Ansbach der Hohenzollern heran. Die Markgrafen von Ansbach und Bayreuth konnten 1331 die Vogtei über das St.-Gumbertus-Stift und die Stadt Ansbach erwerben und machten 1385 Ansbach zu ihrer Residenz. So existierten im Raum zwischen Fränkischer und Schwäbischer Rezat weltliche und geistliche Herrschaften, nach der Reformation damit auch unterschiedliche Religionen. Dazu kamen noch einige kleinere Adelsherrschaften und die Gebiete der Reichsstädte Weißenburg und Nürnberg, letzteres vor allem mit seiner Festung Lichtenau einen Pfahl ins Fleisch der Markgrafschaft Ansbach setzend, wie die imposante Wülzburg der Markgrafen ja auch die Freie Reichsstadt Weißenburg arg bedroht hat. Zuletzt wurden alle diese Herrschaften aber im Königreich Bayern zusammengefaßt, wobei man sich nun in einem Regierungsbezirk vereint sah, der zunächst „Rezatkreis" hieß. Ab 1838 erhielt der Bezirk den Namen „Mittelfranken", da König Ludwig I. wollte, daß alle Bezirke (die damals allerdings „Kreise" genannt wurden) wieder den Stammesnamen deutlich werden ließen. Da bei der Beschreibung der einzelnen Orte und Gebiete auch auf die jeweilige Historie eingegangen werden soll, sei damit zunächst nur ein grober Umriß gegeben.

Fränkische Rezat in Bechhofen bei Windsbach

Die Fränkische Rezat

Quellen von A bis Z

Auf zur Frankenhöhe! Sie ist zu Anfang des Jahres 1989 zum „Naturpark Frankenhöhe” befördert worden, womit der zehnte von insgesamt 17 Naturparks in Bayern vom Bayerischen Umweltministerium rechtswirksam festgesetzt worden ist. Die geduldigen Bemühungen des „Vereins Naturpark Frankenhöhe”, der 1974 gegründet wurde und der nun auch Träger des neuen Naturparks ist, haben damit ihren Lohn gefunden. Der „Naturpark Frankenhöhe” umfaßt den westlichen Teil des Landkreises Ansbach, einen südlichen Bereich des Landkreises Neustadt a. d. Aisch/Bad Windsheim und ein Gebiet im Norden der kreisfreien Stadt Ansbach. Kern des Parks ist eine 81 000 Hektar große Schutzzone, welche die Voraussetzungen eines Landschaftsschutzgebietes erfüllt. In dieser Zone soll nach der Rechtsverordnung des Ministeriums die Leistungsfähigkeit des Naturhaushalts erhalten und dauerhaft verbessert sowie die Beeinträchtigung von Natur und Landschaft verhindert werden. Weiterhin ist es Ziel, die Vielfalt, Eigenart und Schönheit des für die Frankenhöhe typischen Landschaftsbildes zu bewahren und die eingetretenen Schäden zu beheben oder auszugleichen. Da hat man sich wahrhaft viel vorgenommen!

Gleich dem Fichtelgebirge und der Rhön ist die Frankenhöhe ein bedeutendes Quellgebiet und liegt (mit dem Fichtelgebirge!) an der großen Europäischen Wasserscheide, von der schon im Einführungskapitel die Rede gewesen ist. Hier gibt es Quellen von A bis Z: Aisch, Altmühl, Bibert, Fränkische Rezat, Tauber, Wörnitz und Zenn. Wörnitz und Tauber entspringen im westlichen Teil der Frankenhöhe, die Altmühl hat ihre Quellen in den ausgedehnten Wäldern südlich von Burgbernheim, die Bibertquelle liegt in Schmalnbühl, östlich von Virnsberg und Flachslanden. Verkehrsmäßig am besten „erschlossen” ist die Quelle der Aisch. Fährt man auf der Bundesstraße 13 von Marktbergel in Richtung Uffenheim und kreuzt dann bald die Bundesstraße 470, kommt rechterhand ein Parkplatz. In dessen unmittelbarer Nähe befindet sich der Quelltopf der Aisch, mitten im „Unteren Gipskeuper”. Bleiben noch Zenn und Fränkische Rezat. Diese beiden haben ihre Quellen ganz nah beieinander. Die Zenn entspringt am Fuß des 503 m hohen Eichbuck, beim Wessachhof, nahe Urphertshofen, auf dem Übungsgelände amerikanischer Streitkräfte. Der Eichbuck ist ein Teil der „Hohen Steig”, wo die Bundesstraße 13 die Frankenhöhe bei Marktbergel erklimmt. Und auf der Hohen Steig ist auch die Quelle der Fränkischen Rezat zu suchen, keine zwei Kilometer von der Zennquelle entfernt. Hinter der sogenannten „Munasiedlung”, am Bahndamm der Linie Ansbach–Würzburg, entspringt sie beim Bahnkilometerstein 72,9 und fließt unter dem Bahngleis in Richtung Oberdachstetten ins fränkische Land hinaus, hat rund 70 Kilometer ihres Weges bis Georgensgmünd vor sich.

Wer Fantasie hat, könnte sich einmal eine große, schwarze Regenwolke über der Frankenhöhe vorstellen, angefüllt mit Abermillionen von Regentropfen. Die Wolke entleert sich auf breiter Front zwischen Rothenburg o. d. T. und Bad Windsheim. Welch unterschiedliche Schicksale hätten doch die einzelnen Tropfen! Die einen fielen in das Altmühl- oder Wörnitzgebiet und sähen sich bald in der Donau wieder; die anderen fielen in den Bereich von Aisch, Zenn oder Fränkischer Rezat und träfen sich bald in der Regnitz wieder, müßten aber auf ein Wiedersehen mit ihren Kameraden vom Tauberfluß verzichten, weil diese längst vor ihnen im Untermain wären. Wer will, kann ein Märchen schreiben, von den zwei Regentropfen, die zueinander nicht kommen konnten, weil sie von der Frankenhöhe für immer getrennt wurden.

Verlassen wir die nicht gerade einladende Örtlichkeit des Bahnkilometersteins 72,9 und wandern nach Oberdachstetten, wo man 1837/44 noch einmal den Geist der Ansbacher Markgrafenschaft beschwor, als man die Pfarrkirche zwar im Stil des Münchner Klassizismus baute, dabei aber einen Kanzelaltar einbauen ließ, wie er in markgräflichen Kirchenbauten einst fast die Norm gewesen war. Von Oberdachstetten kann man auf der „Hochstraße” gemütlich und kurvenreich bis nach Fürth fahren. Wir aber halten

schon in Virnsberg, um die barokkisierte Höhenburg der Deutschherren zu bewundern, gelangen von dort in den freundlichen Markt Flachslanden, der zur Erholung an den Strand des „Sonnensees" einlädt und wollen natürlich noch zum barocken Wasserschloß der Freiherren von Crailsheim nach Rügland, wo uns übrigens in der herrschaftlichen Pfarrkirche ein echter Kanzelaltar von 1754 begegnet.

Die Rezat hält sich in ihrem Oberlauf an die Bahnlinie (oder diese an die Rezat). Der erste größere Ort ist der stattliche Markt Lehrberg, wo die Straße über Colmberg nach Rothenburg o.d.T. abzweigt. Das Wahrzeichen (auch im Ortswappen vertreten) ist nicht die evangelische Pfarrkirche, die 1729/31 nach Plänen Johann David Steingrubers gebaut wurde und Nachfolgerin einer einstigen Wallfahrtskirche ist, sondern die Ruine der Kirche St. Jobst, die mit ihrem mächtigen Turm über dem Ort thront. In „Leerenburen" weihte 1059 Bischof Gundekar von Eichstätt eine erste Kirche. Der Ort hat seine Besonderheiten. Bei Geologen ist er wegen der hier auftretenden „Lehrbergschichten" (Ton) bekannt. Lehrberg hatte früher mehrere Herren, was sich auch auf die Wirtshäuser auswirkte. So waren der „Goldene Löwe" und der „Goldene Ochse" ansbachisch, der „Graue Wolf" eichstättisch und der „Grüne Baum" unterstand den Freiherren von Crailsheim. An Kirchweih, wo es auch immer um den nötigen „Kirchweihschutz" ging, war solche Vielfalt von Vorteil. Auch Juden ließen sich im Ort nieder, hielten im 18. Jahrhundert hier auch ihre Landtage für die ganze Markgrafschaft Ansbach ab.

Gumbertuskirche in Ansbach

Ansbach – Stadt des fränkischen Rokoko

Schnell bringt einem die Fahrt auf der Bundesstraße 13 die paar Kilometer von Lehrberg nach Ansbach, der Hauptstadt des Regierungsbezirks Mittelfranken. Man sollte aber nicht eilen; denn die Fränkische Rezat, nun zwischen Straße und Bahnlinie im Wiesengrund dahinfließend, hält auf halbem Weg die Idylle der Schmalenbacher Mühle bereit, eine von vielen Mühlen, die noch vor gar nicht langer Zeit das Rezatwasser lustig übers Mühlenrad springen ließen. Bald ist Ansbachs Stadtrand erreicht. Die Straße wird breit, gesäumt von Gewerbe und Industrie, auch von einer Kaserne. Rechts ein Wiesenplan mit einladender Fußgängerbrücke und dann – von der modernen Straße mißachtet und beleidigt – die Residenz der Markgrafen, die mitunter auch Kurfürsten von Brandenburg gewesen sind. Wir sind in der „Stadt des fränkischen Rokoko", auch wenn in Ansbach auch viele gotische Kostbarkeiten zu finden sind.

Um als Ortsfremder eine Stadt von der Größe und der Bedeutung Ansbachs zu verstehen, sollte es eine Möglichkeit geben, in einem geistigen Vorgang die Stadt zunächst einmal vollständig zu entfernen. So wäre man in die Situation eines gewissen Honold oder Onold versetzt, der zu Beginn des 8. Jahrhunderts, ebenfalls als Fremder, hierherkam und sich niederließ, wie es in den Chroniken ziemlich lakonisch heißt. Er erlebte den Urzustand, sah den Bach, der dann nach ihm benannt wurde, zwischen dem Bocksberg und dem Roten Berg herauskommen und der Rezat zustreben. Er sah die Hänge, die erst 1200 Jahre später Wohnbauten tragen sollten, erkannte die Gunst des Geländes, sah vielleicht auch schon Fischweiher vor seinem geistigen Auge. Ob zu seiner Zeit bereits jene drei Ur-Höfe gestanden haben, von denen es heute heißt, es seien der Voggenhof in der heutigen Würzburger Vorstadt, der Knollenhof in der Herrieder Vorstadt und der Rabenhof in der heutigen Schloßvorstadt gewesen? Jedenfalls hatte der Platz nun einen Namen: Onolzbach. Um 748 hat

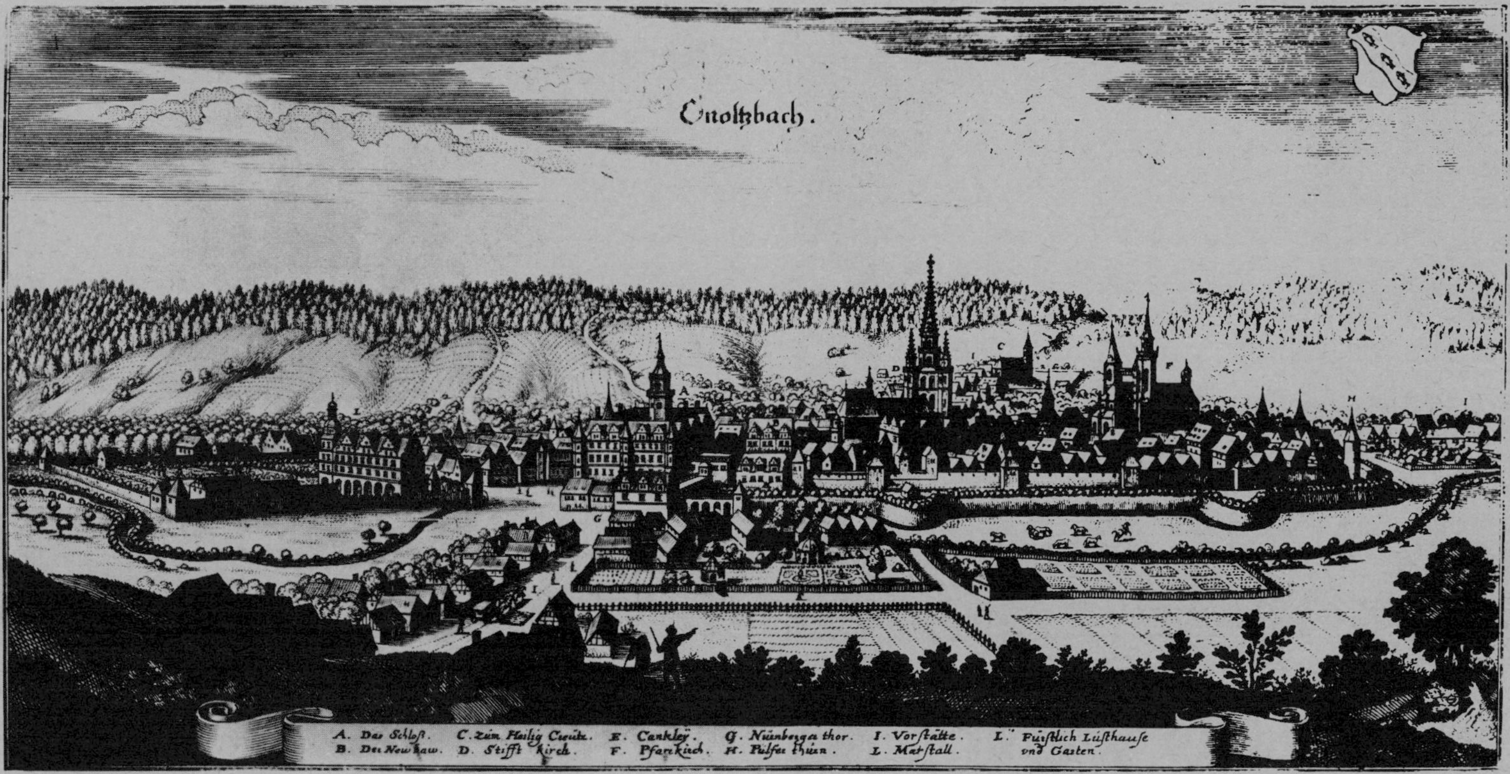
Onoltzbach.
A. Das Schloß. C. Zum Heilig Creutz. E. Cantzley. G. Nürnberger thor. I. Vorstätte. L. Fürstlich Lusthause
B. Der Newbaw. D. Stifft kirch. F. Pfarrkirch. H. Pulfer thurn. L. Marstall. und Garten.

Onold, falls er noch lebte, Gesellschaft bekommen. Ein fränkischer Edelfreier und reicher Grundbesitzer, der Gumbert oder Gumprecht hieß, gründete zwischen der Fränkischen Rezat und dem Onolzbach ein Benediktinerkloster, beschenkte es mit einigen benachbarten Bauernhöfen, die ihm gehörten, und wurde schließlich Abt-Bischof. Als solcher schenkte er das Kloster 786 wiederum Kaiser Karl dem Großen und dieser begabte es mit Immunität und freier Abtwahl. Gumbert wird in den drei fränkischen Diözesen als Heiliger verehrt und ist einer der Patrone des Bistums Bamberg. Sein Kloster aber wandelt sich im 11. Jahrhundert in ein Chorherren- und im 16. Jahrhundert in ein protestantisches Stift. Die ehemalige Stifts- und Hofkirche St. Gumbert ist heute mit ihrer Dreiturmfassade das Wahrzeichen der Stadt Ansbach.

An der Stadtpfarrkirche St. Gumbert kann man die Epochen der Ansbacher Geschichte ablesen. Allein ihre Existenz und ihr Name erinnern an die ersten Ansbacher Tage, in denen das karolingische Benediktinerkloster durch den Abt-Bischof Gumbert gegründet wurde. Steigt man in die romanische Krypta hinab, die um 1040 gebaut wurde, so wird das 11. Jahrhundert lebendig, in welchem aus dem Benediktinerkloster ein Augustiner-Chorherrenstift wurde. In dieser Zeit, 1056, wird „Onolzbach" bereits als Markt genannt. In romanischer Zeit wird 1139 schon eine Pfarrei St. Johannis bezeugt, ein Mauerring war vorhanden und 1221 ist Ansbach spätestens eine Stadt.

Die heutige Schwanenritterkapelle ist der spätgotische Chor der einstigen Stiftskirche, der 1501–23 von mehreren Meistern geschaffen wurde. Zu seiner Bauzeit waren wichtige Ansbacher Ereignisse schon Vergangenheit: der Erwerb St. Gumberts und der Stadt durch die Hohenzollern im Jahr 1331, die als Burggrafen von Nürnberg längst auf ihre Cadolzburg ausgewichen waren, nun aber Ansbach allmählich zur Mitte ihrer Herrschaft machten. Schon Ende des 14. Jahrhunderts bauten sie eine erste Burg in Ansbach. 1415 war Burggraf Friedrich VI. mit der Mark Brandenburg belehnt worden und bald in den Rang eines Kurfürsten aufgestiegen. Markgraf Albrecht Achilles hatte

Romanische Skrypta

Epitaphien in der Schwanenritterkapelle

„Christus der Kelter" um 1510

1456 die Hofhaltung und das kaiserliche Landgericht nach Ansbach verlegt, das damit endgültig zur Residenz- und Hauptstadt wurde. Albrecht Achilles hatte 1464 auch das Kulmbacher Land der Hohenzollern (die spätere Markgrafschaft Bayreuth) erhalten und 1470 die brandenburgische Kurwürde. Zwei Jahre vor seinem Tod gründete er 1484 den „Schwanenorden", dessen Kapelle von seinen Nachfolgern erbaut wurde. Mittelpunkt dieses spätgotischen Raumes ist der Altar mit der Muttergottes im Schrein. Die Wände säumen Hochreliefs von Rittergrabsteinen und viele, farbig gefaßte Totenschilde der Schwanenritter. Besonders wertvoll ist ein Ölgemälde „Christus in der Kelter", um 1510 nach einer Zeichnung Albrecht Dürers entstanden.

Geschichte dokumentiert auch die Markgrafengruft, die vordem in der Pfarrkirche St. Johannis war. Seit 1976 stehen nun hier die 25 Sarkophage des Hohenzollerngeschlechts. Bis 1685 war die Klosterkirche von Heilsbronn bei Ansbach die prunkvolle Grablege der Hohenzollern.

Nun zur Dreiturmfassade von St. Gumbert, dem Ansbacher Wahrzeichen. Die beiden Flankentürme (der nördliche 1594 erneuert) sind ja noch von 1493/95, also gotisch. 1594 schuf Gideon Bacher dann mit dem Mittelturm das Besondere: Gotik zur Renaissancezeit, eine gekonnte Verflechtung beider Stile. Zwischen dem Bau der Flankentürme und des Mittelturms war wiederum allerhand geschehen. Markgraf Georg der Fromme (1527–43) hatte die Reformation in seinen Landen eingeführt. Sein Kulmbacher Neffe Albrecht Alcibiades hatte in Herrschsucht und Rechthaberei halb Franken im „Markgräflerkrieg" (1552 bis 54) verwüstet und am Ende seine Markgrafschaft Kulmbach-Bayreuth verloren, die 1557 an seinen Ansbacher Neffen Georg Friedrich gefallen war, den Sohn Georgs des Frommen. Georg Friedrich reformierte Staatswirtschaft, Recht und Verwaltung und betrieb mit einigem Erfolg eine Politik für das Gesamthaus Brandenburg. Für ihn baute Gideon Bacher, der Meister der Dreiturmfassade, ein Renaissanceschloß in Ansbach, wobei er vorhandene Gotik mit einbezog, wie dies heute an der Rokoko-Residenz noch festzustellen ist. Gideon Bacher war es auch, der die Markgräfliche Kanzlei für Georg Friedrich direkt an die Dreiturmfassade von St. Gumbert anbaute. Lange konnte sich Georg Friedrich an der neuen Ansbacher Pracht nicht freuen, 1603 starb er und das Markgräfliche Haus wurde wieder einmal (bis 1769) in Ansbach und Bayreuth geteilt. Der Dreißigjährige Krieg beherrscht das anbrechende Jahrhundert und gestattet kaum Lichtblicke, auch in Ansbach nicht, bis auf diesen vielleicht: in der Nacht vom 29. auf den 30. Dezember 1609 gelingt dem Ansbacher Hofastronomen Simon Marius die Entdeckung der Jupitermonde vom Turm des Schlosses aus. Ein paar Tage später gelingt dies auch Galileo Galilei, doch weiß keiner vom anderen. Galilei wird berühmt dafür, Simon Marius vergißt man. Es ist eben ein Unterschied, ob man in Florenz oder in Ansbach in die Sterne guckt.

Noch immer verläßt uns St. Gumbert als Geschichts-Instruktor nicht. Wir kommen zum 18. Jahrhundert. Dieses vereint Ansbach und Bayreuth 1769 wieder unter dem letzten Ansbacher Markgrafen, Christian Friedrich Carl Alexander. Der läßt 1777 ein ansbachisches und ein bayreuthisches Regiment gegen Geld für die Engländer gegen die Amerikaner kämpfen, liiert sich mit der französischen Schauspielerin Hippolyte Clairon, heiratet 1791 die Engländerin Elisabeth Craven, gibt Ansbach-Bayreuth seinen königlich-preußischen Vettern und zieht mit Elisabeth und einer 300000-Gulden-Leibrente nach England. Als er 1757 den Ansbacher Thron bestieg, war der Teil des 18. Jahrhunderts in der St.-Gumbertus-Kirche längst fertig: der 1736–38 von Leopoldo Retti zwischen der Westfassade und dem gotischen Chor eingebaute Kirchensaal mit seiner umlaufenden Empore, dem verglasten Fürstenstand, dem einigermaßen prachtvollen Kanzelaltar und dem pompösen Orgelprospekt, dem einzigen Stück der Ausstattung, das die Grenzen protestantischer Nüchternheit überschreiten durfte.

Wir aber dürfen nun endlich von St. Gumbert hinüber zum Rokokoschloß, wobei der Weg möglichst umständlich genommen werden sollte, um die spätgotische St.-Johan-

Hofastronom Simon Marius.

nis-Pfarrkirche anzuschauen, die Gräber und Epitaphien an und um die Friedhofskirche Heiligkreuz zu betrachten, in der profanierten Karlshalle von 1777 (erster katholischer Kirchensaal Ansbachs nach der Reformation) eine Ausstellung anzusehen, an der (nicht zugänglichen) Rokoko-Synagoge in der Rosenbadstraße vorbeizukommen, am Stadthaus, das eher Landhaus heißen müßte, die späteste Gotik zu bewundern, die gotisierende Renaissance des Rathauses zu loben und um die beiden Markgrafenbrunnen am Oberen und Unteren Markt herumzugehen.

Beim Zickzack durch Ansbachs Zentrum fällt dann auch gewiß die Vielgestaltigkeit der bürgerlichen Stadt auf, eng und romantisch winklig um die einstige Stiftsdekanei und den höchst malerischen Behringerhof, den Eybhof und das Herrieder Tor, geometrisch und doch nicht völlig langweilig die „Neue Auslage" um den Karlsplatz, großzügig weit die Promenade. Die aber führt uns zum Schloß.

Im Jahre 1694 kommt wieder einmal ein Georg Friedrich auf den markgräflichen Thron von Brandenburg-Ansbach. Er liebt Musik und Gesang und es sieht so aus, als sollte Ansbach nun zum fröhlichen Musenhof werden. Leider liebt Georg Friedrich auch das Kriegshandwerk und kommt in dessen Ausübung 1703 um, durch einen Musketenschuß zu Schmidmühlen in der Oberpfalz getroffen, im Spanischen Erbfolgekrieg. Nachfolger in Ansbach wird sein Halbbruder Wilhelm Friedrich, dessen bedeutendster Vorzug es ist, mit Christiane Charlotte von Württemberg 1709 eine großartige Frau geheiratet zu haben. Was offenbar schon länger geplant war, wird nun ernsthaft in Angriff genommen: das neue Schloß. 1710 brennt es im Südflügel des alten Schlosses gewaltig, was der Sache entgegenkommt. Auch Fürstlichkeiten können „aufbrennen", zumal ihre Versicherung – der Geldbeutel des Untertanen – jederzeit zahlungsbereit sein muß.

Drei Architekten benötigt der Schloßbau, der sich bis 1745 hinzieht. Den Anfang macht Gabriel de Gabrieli, der als 23jähriger 1694 schon bei Markgraf Georg Friedrich seinen Dienst antritt. Er liefert die Architektur des Arkadenhofs und den Südostflügel, also die Hauptfront. Gabrieli geht 1714 nach Eichstätt als Fürstbischöflicher Oberbaudirektor und ist dort nicht nur für den schönen Glanz der Residenz verantwortlich. Nachfolger in Ansbach wird der in Gunzenhausen geborene Johann Wilhelm von Zocha und nach dessen Tod (1718) dessen Bruder Karl Friedrich, unter dessen Leitung der Bau ein gutes Stück vorankommt. Der Vollender ist Leopoldo Retti, den man von der Stuttgarter Verwandtschaft ausleiht. Unter ihm entsteht auch die Ausstattung mit Hilfe so namhafter Künstler wie Carlo und Diego Carlone sowie Johann und Paul Biarelle. Die Wohnge-

mächer gehören zum Besten, was das 18. Jahrhundert in Deutschland hervorgebracht hat, eingeschlossen der Festsaal und die Galerie. Man hat nicht nur ein Marmorkabinett, ein Jagdzimmer und ein Gobelinzimmer, sondern auch einen gekachelten Saal, dessen Wände mit Ansbacher Fayenceplättchen bedeckt sind, wobei nachzutragen ist, daß unter Markgraf Wilhelm Friedrich und seiner so brillanten Gemahlin Christiane Charlotte im Jahr 1709 die bald berühmte „Ansbacher Fayence-Manufaktur" gegründet wurde. Die Rokoko-Residenz ist zu besichtigen, bis auf den Teil der Räume, der von den Beamten der Regierung von Mittelfranken zur Arbeit benötigt wird. In der spätgotischen Halle, Rest der alten Residenz, sind die besten Stücke der Ansbacher Fayence- und Porzellanmanufaktur zu sehen und die Bayerische Staatsgemäldesammlung zeigt in einer Filialgalerie Gemälde des 17. und 18. Jahrhunderts.

Die Ehe von Markgraf Wilhelm Friedrich und Christiane Charlotte war ebenso glücklich wie kurz. 1723, nach 14 Ehejahren, starb der Markgraf, den die Markgräfin sehr oft „meinen Engel" nannte. Die Witwe wurde Vormund und Regentin für ihren gerade elf Jahre alten Sohn Carl Wilhelm Friedrich. 1729 starb auch sie und der 17jährige mußte sehen, wie er mit all der Macht, aber auch all den Anforderungen (und Schulden) eines solchen Fürstentums fertig werde. Die Geschichte nennt ihn den „Wilden Markgrafen", ein Titel, der nicht völlig daneben greift, freilich nicht die Zeitumstände berücksichtigt und die guten Eigenschaften Carl Wilhelm Friedrichs übergeht. Er hatte eine ziemlich verfehlte Erziehung genossen, besaß eine geradezu manische Jagdleidenschaft, die ihn auch die größte und prunkvollste Falknerei des damaligen deutschen Reiches aufstellen ließ, hat mit 17 Jahren – kurz vor dem Tod seiner Mutter – die preußische Königstochter Friederike Luise geheiratet, mit der er keine glückliche Ehe führte, woran er nicht allein schuld war, und so kam es, daß er das Glück der Liebe anderswo suchte und es in einer „Ehe zur linken Hand" mit der Landwirts- und Falknerstochter Elisabeth Wünsch fand, mit der Carl Wilhelm Friedrich die Linie derer von Falkenhausen gründete.

Graf-August-von-Platen-Denkmal

Unter der Regierung des „Wilden Markgrafen", die bis 1757 dauerte, wurde die Residenz vollendet, auch der Hofgarten mit der Orangerie, dem „Pomeranzenhaus", wie man es nannte. Der Hofgarten und die Residenz sind heute wieder höfischer Schauplatz, wenn alle Jahre an den ersten beiden Juli-Wochenenden die „Ansbacher Rokokospiele" stattfinden, ein heiteres Gegenstück zu den noch ernsteren, im zweijährigen Turnus stattfindenden Bachwochen. Die Orangerie ist heute Ansbachs großer und schöner Festsaal, der Hofgarten aber das vielgeliebte Spazier- und Erholungsgelände. Beim Spaziergang läßt sich schon wieder einige Geschichte lernen. Denkmäler machen es möglich. Da steht schon auf der Hofgartenseite der Promenade das Denkmal für den 1796 in Ansbach geborenen Grafen August von Platen-Hallermünde, der durch seine empfindsamen Sonette und Ghaselen (diese arabische Versform hatte ihm der fränkische Dichter und Orientalist Friedrich Rückert erschlossen) dem allgemeinen Publikum weit weniger bekannt wurde, als vielmehr mit seiner Ballade „Das Grab im Busento".

Im Hofgarten selbst entdeckt man ein kleines Denkmal für den markgräflichen Leibarzt und Botaniker Dr. Leonhard Fuchs, dessen überaus schmales Geburtshaus am Marktplatz des Ries-Städtchens Wemding steht. Ihm zu Ehren wurde die Fuchsie benannt, ein Nachtkerzengewächs. Freundliche Erinnerungen ruft auch ein Denkmal im Hofgarten hervor, das dem Ansbacher Rokoko-Dichter Johann Peter Uz (1720–96) gewidmet ist, einem Hauptvertreter jener Anakreontik, die in der Mitte des 18. Jahrhundert sich für die sinnenfrohen Lieder des griechischen Lyrikers Anakreon nachahmend begeisterte. Um bei den Dichtern zu bleiben, sei hier auch der 1812 in Ansbach geborene Friedrich Güll genannt, dem bei der Johanniskirche ein Brunnen gewidmet ist. Er verfaßte viele, heute noch bekannte Kinderlieder, wie das „Vom Büblein auf dem Eis". Ein Bildhauer und ein Baumeister, beide mit recht besonderen Aufgaben betraut, mögen in ihrer Ansbacher Kindheit auch im Hofgarten gespielt haben: Ernst Joseph von Bandel (1800–1876), der den Cheruskerfürsten Hermann auf die Grotenburg im Teutoburger Wald

Dr.-Leonhard-Fuchs-Epitaph

Johann-Peter-Uz-Denkmal

stellte, und Georg von Dollmann (1830–95), der 1872 das gesamte königliche Bauwesen Ludwigs II. übernahm und einen Teil der steinernen Träume des „Märchenkönigs" verwirklichen half.

Düsteres, dunkles, ja geheimnisvolles rankt sich an jene Gedenksäule, die im Hofgarten den Platz einnimmt, an dem das Findelkind Kaspar Hauser am 14. Dezember 1833, nahe beim gerade acht Jahre stehenden Denkmal des freundlichen Sängers Uz, von unbekannter Hand niedergestochen wird. Hauser stirbt drei Tage später und wird auf dem Heilig-Kreuz-Friedhof begraben. Zur Aufklärung des Mordes setzt Bayernkönig Ludwig I. die gewaltige Summe von 10000 Gulden aus, doch bleibt die Tat im dunkeln bis auf den heutigen Tag. Seitdem Kaspar Hauser am Pfingstmontag 1828 in Nürnberg plötzlich aufgetaucht war, fehlt es nicht an Bemühungen, ihn zu identifizieren. Heute steht mit ziemlicher Sicherheit fest, daß er der Sohn und rechtmäßige Thronfolger des Großherzogs Carl von Baden gewesen sein muß, den man aus ungeklärten Gründen aus dem Weg haben wollte.

Wer sich genauer über Kaspar Hauser informieren will, muß nur das Markgrafenmuseum hinter der Johanniskirche besuchen, das in historischen Räumen alles über die Natur- und Menschengeschichte des Ansbacher Markgrafentums zeigt und auch eine Kaspar-Hauser-Sammlung besitzt. Schließlich lohnt sich noch ein Spaziergang ins westliche Weichbild Ansbachs, in den eingemeindeten Ort Schalkhausen, durch den der Onolzbach in die Stadt fließt. Hier mag die Welt des ersten Ansbachers, jenes Honold oder Onold gewesen sein. In der Nikolauskirche steht ein prachtvoller, spätgotischer Flügelaltar, dessen Gemälde 1520 nach druckgraphischen Vorlagen Albrecht Dürers und Albrecht Altdorfers gemalt wurden, ein Stück Donauschule, doch vermutlich in Mainfranken entstanden.

Ein großer und viele kleine Sänger und eine grimmige Nürnberger Dependance

Von Ansbach weiter, die Fränkische Rezat abwärts. Wir verlassen die mittelfränkische Hauptstadt über ihren Ortsteil Eyb. Hier hatte das gleichnamige Edelgeschlecht, das noch heute in Franken blüht, seinen Stammsitz, von dem nichts mehr auf unsere Zeit gekommen ist. Die Eyb saßen später auch auf Schloß Sommersdorf im Altmühltal. Die beiden Brüder Ludwig (1417–1502) und Albrecht (1420 bis 1475) waren bedeutende Staatsmänner, Albrecht hat sich dazu noch als früher Anhänger des Humanismus einen Namen gemacht. Gabriel von Eyb (1455–1535) war zunächst markgräflicher Rat zu Ansbach und wurde 1496 zum Fürstbischof von Eichstätt gewählt. Er und seine Familie förderten den bedeutenden Renaissance-Bildhauer Loy Hering aus Kaufbeuren, der vor allem durch seine Grabmalkunst bekannt geworden ist.

Der nächste größere Ort im Rezattal ist Sachsen. Es kann mit Sicherheit angenommen werden, daß der Name von jenen Sachsen kommt, die Kaiser Karl der Große in der zweiten Phase seiner mehr als dreißig Jahre dauernden Sachsenkriege deportiert und in anderen Reichsteilen angesiedelt hat. Dem entspricht auch die Tatsache, daß Sachsen eine Urpfarrei ist, die um 800 gegründet worden sein muß. Noch heute ist die evangelische Pfarrkirche (einstmals St. Alban) von einem befestigten Kirchhof umgeben. Um den alten Ortskern haben sich in den letzten Jahren ausgedehnte Neubaugebiete entwickelt.

Als grimmige „Dependance" der Freien Reichsstadt Nürnberg wirkte ab 1406 der heutige Markt Lichtenau. Ursprünglich eine Burg der Herren von Dornberg und 1288 durch Heirat an die Herren von Heideck gelangt, verkauften diese 1406 Lichtenau an die Reichsstadt Nürnberg, die es ab 1409 zunächst der Patrizierfamilie Rummel überließ, welche von Kaiser Sigismund 1418 sogar die Hochgerichtsbarkeit erhielt. Natürlich sahen die Ansbacher Mark-

grafen den Nürnberger Pfahl in ihrem territorialen Fleisch nicht gern. So eroberte 1449 Markgraf Albrecht Achilles den befestigten Ort und zerstörte ihn, mußte Lichtenau aber schon 1453 im Laufer Abkommen wieder zurückgeben. 1472 kaufte die Reichsstadt Nürnberg der Patrizierfamilie Rummel Lichtenau wieder ab, richtete ein Pflegeamt ein, das von Nürnberger Patriziern ausgeübt wurde. 1502 vergab Kaiser Maximilian den Blutbann „für ewige Zeiten" an Nürnberg, das den Ort stark befestigen ließ. 1552 nahm Markgraf Albrecht Alcibiades die Festung ein, sprengte sie in die Luft und zerstörte den Ort. Ab 1558 bis 1630 bauten Nürnberger Stadtbaumeister die Festung als fünfeckiges Bollwerk aus, das sich weitgehend bis auf den heutigen Tag erhalten hat und dem Betrachter ein Bild nürnbergischer Fortifikation gibt. Nach einer Restaurierung dient der weitläufige Bau vor allem dem Staatsarchiv Nürnberg. Im freundlichen Tal der Rezat macht die Veste noch immer einen sehr bedrohlichen Eindruck, während der Markt mit seinen beiden Toren und der ebenfalls recht reichsstädtischen Dreifaltigkeitskirche von 1724 eher eine fränkische Idylle ist.

Ein Abstecher, nur ein paar Kilometer südwärts, bietet sich gerade von Lichtenau an. Zwei fränkische Kleinstadtidyllen warten dort: Merkendorf mit seiner gut erhaltenen Stadtwehr und das benachbarte Wolframs-Eschenbach, die Heimat des großen Minnesängers Wolfram von Eschenbach, der um 1170 hier geboren ist und alten Quellen zufolge in der Pfarrkirche begraben liegt. Diese hat das Patrozinium Mariä Himmelfahrt, ist mit ihren drei Schiffen die älteste gotische Hallenkirche Frankens (Baubeginn um 1250, Langhaus um 1300) und hat im nördlichen Seitenschiff einen wertvollen Rosenkranzaltar aus der Zeit um 1520. Der Ort, der erst seit 1917 den Beinamen des Minnesängers Wolfram führt, war zunächst in den Händen der Grafen von Wertheim-Rieneck und gelangte Ende des 13. Jahrhunderts in den Besitz des Deutschen Ordens. Dessen Schloß, heute das Rathaus, entstand 1623 als Quartier des Landkomturs. Neben der gut erhaltenen Stadtbefestigung ist der reiche Bestand an historischen Häusern bemerkenswert, darunter die „Alte Vogtei" (heute ein gern besuchter Gasthof) aus dem 17. Jahrhundert, das Alte Rathaus von 1471, das einstige Fürstengasthaus von 1609 und die „Arche Noah", ein ehemaliges Pfründehaus in der Färbergasse. Das Heimatmuseum informiert auch über den Minnesänger Wolfram von Eschenbach. Alljährlich wird im Städtchen (Stadtrecht 1322 durch Kaiser Ludwig den Bayern) der vom Bezirk Mittelfranken gestiftete „Wolfram-von-Eschenbach-Preis" vergeben.

Zurück ins Tal der Fränkischen Rezat, aus dem einst zu Nürnberg gehörenden Markt Lichtenau ein paar Kilometer weiter. Wir sind wieder im einstigen Markgrafenland und ziehen über eine alte Rezatbrücke und durch das Brückentor in das markgräfliche Amtsstädtchen Windsbach ein, freuen uns an der weiten Hauptstraße, die zugleich auch Marktplatz sein kann. Schöne Bürgerhäuser, meist in Fachwerkbau, halten ihre Giebelseiten der Straße hin, reihen sich bis zum Oberen oder Schwabacher Tor hinauf. Draußen vor diesem Tor ist das Quartier der vielen kleinen Sänger, des „Windsbacher Knabenchors", der den Ort in den letzten Jahrzehnten weltbekannt gemacht hat.

Merkendorf mit Torturm

„Arche Noah" in Wolframs-Eschenbach

Wie so mancher andere Ort verdankt auch Windsbach seine Entstehung einer günstigen Furt, an der im 9. Jahrhundert eine erste Siedlung entstand, die später mit dem Aufstreben Nürnbergs als europäischer Handelsstadt immer mehr an Bedeutung gewann, führte durch Windsbach doch der wichtige Weg von Nürnberg in den Bodensee- und Straßburger Raum. Noch am Ende des 18. Jahrhunderts benützte diese Route auch der Geheime Rat von Goethe, als er im November 1797 auf dem Heimweg von seiner dritten Schweizer Reise (die eigentlich eine Italienreise werden sollte, doch Kriegszustände verschlossen ihm diesmal das geliebte Land) den Weg von Zürich über Biberach, Gunzenhausen und Schwabach nach Nürnberg nahm, wo er einige Tage blieb. Seit Zürich war er in Begleitung seines Freundes, des Malers Johann Heinrich Meyer, des „Kunschtmeyer", der für Goethe kunsthistorische Aufträge in Italien erledigt hatte. In Schwabach übernachtete die kleine Reisegesellschaft im „Lamm" vom 5. auf den 6. November 1797. Vorher war man auch durch Wolframs-Eschenbach gekommen. Goethes fast stenographisch kurzgefaßtes Tagebuch vermerkt dazu: „Eschenbach. In einem Tale herunter. Viel Hopfenbau. Einige Mühlen, durch Ismansdorf zu einem Stieg herauf durch Tannenwald (es waren Fichten, auch oft „Rottannen" genannt; Anm. d. Verf.). Kiesel und Tendriten, nach Windsbach. Der Ort hat reinliche Häuser und ist leidlich gepflastert, über Mosbach, Rudersdorf (= Rudelsdorf), die Aurach fließt dran vorbei. Feldstücke mit Tabak bepflanzt, durch Hoch (= Haag) nach Schwabach."

Goethe hatte sich also die Gesteine des Frankenkeuper bei Ismannsdorf betrachtet, geologisch äußerst interessiert wie er war. Und Ismannsdorf und Moosbach sind heute Windsbacher Ortsteile. In Windsbach hat Goethe übrigens das Mittagessen eingenommen, in der „Post". Das Tagebuch von Goethes Diener Ludwig Geist meldet darüber: „Wir aßen zu Mittag in Windsbach. Hier fand ich, daß das Tischgebet von der ganzen Familie, sowohl als auch von dem übrigen Gesinde, ein jedes besonders laut, gebetet wurde, denn so wie einer eine Silbe sagte, so sagte sie der zweite, so der dritte usf., so daß ich nicht

Unteres Tor in Windsbach

anders glaubte als in einer Judenschule zu sein." Ob Goethe auch im Sommer 1788, auf der Heimreise von seinem zweijährigen Italienaufenthalt ebenfalls durch Windsbach gekommen ist, läßt sich nicht feststellen. Er hatte dabei in Konstanz einige Tage mit einer Schweizer Freundin verbracht und dann ebenfalls den Weg über Biberach, Ulm und Gunzenhausen nach Schwabach genommen, wo er am 13. Juni in der „Goldenen Gans" zu Mittag aß. Übernachtet hatte er in der „Post" zu Gunzenhausen, in der „Post" von Wassermungenau wurde das Frühstück eingenommen. Von Schwabach ging es am gleichen Tag nach Nürnberg weiter.

So viel über Goethe und Windsbach. Uns heutigen Besuchern ziemt es, dort zwei Kirchen anzuschauen. Die evangelische Pfarrkirche, ein Neubau von 1728/30, zeigt sich in der „Uniform" der Markgrafenkirchen, darf aber insofern etwas „unkorrekt" angezogen sein, als sie Kanzel und Altar getrennt hat. Von weit größerem Interesse ist die „Gottesruhkapelle" aus dem Jahr 1440. Sie steht außerhalb des Städtchens, an der Straße nach Wolframs-Eschenbach. Bis auf die Westwand haben sich Fresken aus der Bauzeit vollständig, wenn auch nicht in bestem Zustand, erhalten, eine „biblia pauperum", wie man solche Malereien gern nennt, weil sie als „Bibel der Armen", denen, die nicht lesen konnten, das Heilsgeschehen in Bildern vor Augen führte. Die Fresken zeigen vor allem Passionsszenen, Abendmahl, Höllenfahrt Christi und das Jüngste Gericht.

Nur ein paar Kilometer sind es von Windsbach nach Neuendettelsau, dem berühmten Zentrum der evangelischen Diakonie in Franken. Die weitläufigen Anstalten für Mission und Diakonie gehen auf den 1808 in Fürth geborenen Pfarrer Wilhelm Löhe zurück, der ab 1837 hier wirkte und 1854 eine Diakonissenanstalt für Gemeindedienst und Krankenpflege gründete. Der Ort hat auch einen historischen Kern, liest man doch schon 1298 in einer Urkunde von einem „Castrum Thetelsawe". 1554 kam Neuendettelsau in den Besitz der Familie von Eyb, der heute noch das einstige Wasserschloß gehört.

Pfarrer Wilhelm Löhe

Wo die Hopfenstangen Spalier stehen

Von Windsbach sind es noch knapp 25 Kilometer bis zur Mündung der Fränkischen Rezat bei Georgensgmünd. Bei Elpersdorf vereint sich das Tal und erreicht bei Burg Wernfels einen landschaftlichen Höhepunkt. Bei Untereschenbach mündet der von Wolframs-Eschenbach herkommende Erlbach. Der nächste größere Ort ist „Wassermummala", wie der Volksmund Wassermungenau nennt. 1142 wird bereits ein Chunrat de Mungenove in einer Urkunde als Zeuge genannt. Der Name des Ortes soll von den Ramungen von Mungenau kommen, Dienstleuten der mächtigen Grafen von Abenberg. Doch könnte es auch einfacher und angesichts eines feuchten Flußtales einleuchtender sein: In Johann Andreas Schmellers „Bayerischem Wörterbuch" liest man, daß „Munken" oder „Munkng" ein Wort für Mücken sei. Und die gibt es ja noch heute, und nicht nur in Wassermungenau. Herrschaftlich war früher der Ort zwischen den Markgrafen von Ansbach und den Fürstbischöfen von Eichstätt geteilt, wie überhaupt manches Dorf in dieser Gegend zwischen diesen beiden Parteien umstritten gewesen ist. Nordöstlich, auf sandigem Keuperboden, liegt das Nachbardorf Dürrenmungenau, ebenfalls mit einem sprechenden Namen ausgestattet. Der mächtige, aber einfache Schloßbau aus dem Ende des 17. Jahrhunderts ist Nachfolger eines einstigen Wasserschlosses. Wasser- und Dürrenmungenau gehören heute zum Städtchen Abenberg, der Heimat der seligen Stilla. Der von der Burg der Grafen von Abenberg überragte Ort ist einen Abstecher wohl wert. Hier ist auch die Kunst des Klöppelns zuhause.

Das waldreiche Uferland der Rezat zwischen Wassermungenau und Spalt kann viel von alten Zeiten erzählen. Nicht nur daß die heutige Jugendherberge, Burg Wernfels, schon 1197 in eichstättischen Urkunden als „uralte Veste" genannt wird, da ist noch Älteres, Keltisches. Mitten im Abenberger Wald, nicht weit von Mäbenberg entfernt, steht einsam ein Druidenstein und auf dem Bärenberg, oberhalb der Stiegelmühle, erinnert ein Ringwall an dieses große europäische Volk. Wernfels selbst war von 1321 an Sitz des eichstättischen Pflegamts Wernfels-Spalt, heute ist es ein schönes Fotomotiv und eine Burg der Jugend. 1882 kaufte der Schlachtenmaler Louis Braun das Schloß, ließ es restaurieren und malte dort riesige Gemälde wie etwa das „Gebet Gustav Adolfs vor der Schlacht von Lützen".

Wernfels gehört heute zur Stadtgemeinde Spalt und längst bilden Hopfenstangen das Spalier für den kleinen Fluß. Und Spalt empfängt uns mit ganz besonderen „Burgen", mit seinen Hopfenhäusern, die, wie etwa das herrliche „Mühlreisighaus", bis zu fünf Trockenböden für den Hopfen übereinander haben. Spalt ist eben die nordbayerische Hopfenmetropole und daß es dies schon lange ist, sieht man auf Schritt und Tritt, wenn man durch den Ort wandert. Köstliche Namen haben Gasse und Straße: Höllgasse, Fröschau, Pfaffengasse, Gänsgasse und Bettelmanns Umkehr. Eine solche gibt es übrigens auch im schwäbischen Städtchen Wemding im Ries und es verwundert ein wenig, wenn es auch sicher nur Zufall ist, daß

Spalt und Wemding an den Anfängen seiner Geschichte mit der bayerischen Urabtei St. Emmeram in Regensburg zu tun haben und beide Orte heute noch eine St.-Emmerams-Kirche besitzen.

Regensburgs St.-Emmerams-Kloster steht also am Anfang. Diese bedeutende Abtei in der einstigen bayerischen Landeshauptstadt und karolingischen Kaiserstadt gründete in Spalt vor 800 bereits ein Kloster, das die Muttergottes und den heiligen Emmeram zu Patronen hatte, nach anderen Quellen war es ein St.-Salvator-Kloster. Bald entstand auch eine Siedlung von Bauern, Fischern und Handwerkern. Im 11. Jahrhundert wurde das Kloster in ein Augustiner-Chorherrenstift umgewandelt. Im Lauf des 13. Jahrhunderts wächst dies alles zu einem Markt zusammen, den 1272 der Regensburger Bischof dem Nürnberger Burggrafen, also einem Hohenzollern, zu Lehen gibt. Burggraf Konrad der Fromme und seine Gemahlin Agnes gründen 1294 ein zweites Chorherrenstift, dieses nun mit St. Nikolaus als Patron, was darauf schließen läßt, daß in Spalt damals eine größere Fischersiedlung gewesen sein muß. 1297 erwirbt Bischof Reinboto von Eichstätt Spalt vom Regensburger Bischof, tauscht es gegen Güter bei jenem Wemding, das auch eine „Bettelmanns Umkehr" hat. Im 14. Jahrhundert wird Spalt zur Stadt und 1341 ist auch erstmals der Hopfenbau nachweisbar. Längst war damals Spalt Weinbauort. Den Spalter Wein soll schon Kaiser Karl der Große gern getrunken haben. Der Weinbau florierte noch bis ins 18. Jahrhundert und nicht umsonst heißt ein Gemeindeteil Großweingarten. Hopfen und Bier wurden aber immer wichtiger. Wenn es auch den 13 Siegelbezirken des größten europäischen Hopfenanbaugebiets, der Hallertau, nicht gefallen wird: das älteste Hopfensiegel Deutschlands besitzt Spalt aus dem Jahr 1538! Gern glaubt man auch an die Wahrheit eines Spruches, der die Spalter beneiden läßt: „In Spalt, in Spalt, dou wern die Leit goar alt. Sie könna nix dafier, des macht des goade Bier!" Förderer, erst des Weinbaus und dann des Hopfens und Bierbrauens, waren die beiden Stifte, die 1619 zusammengelegt wurden. Ja, unterm Krummstab war eben doch gut leben!

Die kunsthistorischen Hauptsehenswürdigkeiten von Spalt sind die beiden ehemaligen Stiftskirchen, von denen diejenige zu St. Emmeram und Mariä Himmelfahrt heute Pfarrkirche ist. In einigen Teilen kann man noch ihren romanischen Ursprung erkennen, doch hat 1698/99 der Eichstätter Hofbaumeister Jakob Engel das Gotteshaus im barocken Stil fast völlig neu gebaut. Die ehemalige Stiftskirche St. Nikolaus erfuhr ein ähnliches Schicksal. 1767 wurde der Bau aus dem frühen 14. Jahrhundert im Sinne des Spätbarock und Rokoko vom Ellinger Deutschordensbaumeister Matthias Binder umgestaltet, wobei auch Künstler der Wessobrunner Schule beschäftigt wurden. Die Deckengemälde schuf 1769 der Münchner Hofmaler Franz Kürzinger. Sie zeigen die Legende des Kirchenpatrons St. Nikolaus: wie er armen Mädchen Heiratsgut ins Fenster reicht, wie er eingepökelte (!) Knaben wieder zum Leben erweckt, wie er einen Sklaven dem Hof des Sultans entreißt.

Von den höchst interessanten Hopfenhäusern war schon die Rede. Zu erwähnen ist aber noch das einstige Kornhaus, heute die Spalter Hopfensignierhalle, ein großartiger Fachwerkbau. Eine Einmaligkeit ist das „Schlenzgerhaus", das an die Stadtmauer schier angeklebt ist. Leider ist die historische Stadtwehr nur noch unvollständig erhalten. Wer sich für Kirchengeschichte interessiert, sollte wissen, daß in Spalt Georg Burckhardt (1484–1545) geboren wurde, der sich in Humanistenart nach seinem Geburtsort „Spalatin" nannte. Er war einer der engsten Freunde und wackersten Mitstreiter Martin Luthers sowie Hofkaplan, Geheimsekretär und Bibliothekar des Kurfürsten Friedrich des Weisen von Sachsen.

In Spalt ist auch allerhand los, das ganze Jahr über. Zur Fasnachtszeit gibt es am „Unsinnigen Donnerstag" ein lustiges Weiberregiment und am Fasnachtsdienstag ziehen die „Spalter Fleckla" durch die Stadt und verbreiten allerhand gutgemeinten Schrecken. Die Teilnehmer tragen dabei ein Gewand aus bunten Flecken. Der Brauch ist früher ein Winteraustreiben gewesen. Spätestens Anfang Mai beherrscht der Spargel den Spalter Speiseplan und

zieht Gäste aus nah und fern an. Im Juni, am Johannistag, ist dann die sogenannte „Hirsekirchweih", eine Votivprozession zur Friedhofskirche. Als 1450 Spalt von den Nürnbergern belagert wurde, kam am 19. Juni Entsatz durch Markgraf Albrecht Achilles. Die Belagerer mußten so eilig das Feld räumen, daß sie die Kessel mit frisch gekochtem Hirsebrei nur noch schnell ins Feuer stürzen konnten. Zum Dank an göttliche und markgräfliche Hilfe wird nun alljährlich diese Prozession veranstaltet, bei der ein Geistlicher auch eine Predigt von der Außenkanzel der Gottesackerkirche hält. Alle fünf Jahre (nächstmals 1990) wird dabei auch das Festspiel „Die Nürnberger Reis" aufgeführt, das die Kämpfe von 1450 wieder lebendig werden läßt. Im übrigen läßt sich im Heimatmuseum, das im „Arrestturm" untergebracht ist, allerhand über Spalts lange und reiche Geschichte erfahren. Wem es aber mehr um Naturwunder zu tun ist, sollte von Spalt aus zum Schnittlinger Loch, zum „Zigeunerloch" oder zur Massendorfer Schlucht wandern, wo ihm ein Stück Naturgeschichte vorgeführt wird.

Die Reise auf der Fränkischen Rezat geht allmählich zu Ende. Spalt grüßt uns noch zum Abschied mit seinen beiden Orten Wasserzell, das (wie es der Name ja sagt) am Fluß gelegen ist, und Großweingarten, dem man in seiner erhöhten Lage die einstigen Weinberge leicht zutrauen kann. Heute ist Großweingarten als Kirschendorf mit seiner „Kirschenkirchweih" (Juli) bekannt. Bald taucht Georgensgmünd auf und mit der Fränkischen Rezat ist es zu Ende. Sie vereint sich hier mit der Schwäbischen Rezat zur Rednitz, die nach Norden eilt, über Roth und Schwabach nach Fürth, wo sie auf die Pegnitz trifft und mit dieser nun gemeinsam als Regnitz Bamberg und dem Main zufließt.

Georgensgmünd ist eine absolut dreifache Angelegenheit. Die zwei Rezat und dazu der Steinbach bilden hier eine dreifache Mündung, die „Venetianerstraße" von Nürnberg gen Italien (heute noch in der Bundesstraße 2 vorhanden!), die „Weinstraße" von Mainfranken nach Regensburg und die „Judenstraße" kamen hier als Verkehrsdreieck zusammen und schließlich ist auch der Ort ein dreifaches „Gmünd": Georgensgmünd, Friedrichsgmünd und Petersgmünd sind der heutige Gemeindekern, wobei

Winterliches Wasserzell

Georgensgmünd und Friedrichsgmünd (das Bahnhofsviertel) schon ziemlich zusammengewachsen sind. Drei Kirchen kann man auch noch zur Dreiheit nennen: die Pfarrkirche St. Georg, die mit der Rezatmündung den Ortsnamen ergab und die gleich der Peterskirche zu Petersgmünd den Ansbacher Markgrafen vom Baustil her als Landesherrn verrät, und die moderne katholische Pfarrkirche mit dem Eichstätter Patron St. Wunibald, 1966 in den Ortsteil Friedrichsgmünd gestellt.

Georgensgmünd wird 1295 erstmals in einer Urkunde erwähnt, heißt 1304 „villula Gmünd". Der Ort gehörte zunächst den Herren von Hausen (bei Ellingen), kam aber schließlich 1590 endgültig an die Ansbacher Markgrafschaft. Georgensgmünd war vom ausgehenden Mittelalter an ein bevorzugter Wohnort für Juden. 1608 gab es acht Judenfamilien, später 26; sie waren Nachkommen der von König Ferdinand II. von Aragonien vertriebenen Juden. 1550 wurde ihnen auf dem Talbuck ein großes Grundstück für einen Friedhof überlassen, der 1718 erweitert wurde. Der älteste Grabstein dort stammt von 1596. Die Synagoge aus dem 19. Jahrhundert ist im „Anger" ebenfalls erhalten. 1845 machten die Juden mit 120 Einwohnern 20 Prozent der Bevölkerung aus. Sie betrieben vor allem den Hopfen- und Viehhandel, waren aber auch Weber, Säckler, Tuchmacher, Glaser, Flaschner, Bortenmacher und Seifensieder.

Vielleicht sollte man die Reise entlang der Fränkischen Rezat an einer etwas abseits gelegenen, zur Besinnlichkeit einladenden Stelle beenden. Dafür würde sich der Judenfriedhof von Georgensgmünd anbieten, jedoch auch der abseits gelegene Ortsteil Mäbenberg mit seinem kleinen Kirchlein, das einst dem heiligen Oswald geweiht war. Im Schreinaltar stehen die spätgotischen Figuren des heiligen Kaiserpaares Heinrich und Kunigunde sowie der heilige Jakobus mit seinem Pilgerstab. Mäbenberg hat seinen Namen vom Edelgeschlecht der Megenberger. Einer von ihnen, Konrad von Megenberg, lebte als Domherr in Regensburg und starb dort 1374. Er verfaßte in deutscher Sprache das „Buch der Natur", ein Kompendium der Naturwissenschaft seiner Zeit.

Die Zollmühle zwischen Pleinfeld und Ellingen an der Schwäbischen Rezat

Die Schwäbische Rezat

Ein fleißiger Fluß treibt Mühlen

Reisen wir nun also hinaus aus dem Hopfen-, Spargel- und Tabaksland. Kamen wir die Fränkische Rezat von der Quelle zur Mündung herunter, so ist es nun – weil wir ja schon an der Mündung sind – praktischer, an der Schwäbischen Rezat den umgekehrten Weg zu nehmen, von der Mündung die gut 30 Kilometer zur Quelle zu reisen. Ein schönes, so echt fränkisches Tal ist es, nicht gerade aufregend, aber eben ziemlich harmonisch. Zwei wichtige Verkehrswege begleiten die Schwäbische Rezat bis zu ihrer Quelle: an den westlichen Talrand hält sich die Hauptbahnlinie München–Augsburg–Treuchtlingen–Nürnberg, aus den Wäldern des östlichen Talrandes kommt bei Pleinfeld die Bundesstraße 2 ins Tal.

Röttenbach, das vom 13. Jahrhundert an dem Deutschherrenorden gehörte, ist die erste Gemeinde auf unserem Weg. Der Ort liegt abseits des Tales, begrüßt uns aber am Fluß mit seinen Gemeindeteilen Niedermauk und Mühlstetten. Niedermauk hat eine gotische Sebastianskirche aus dem 14. Jahrhundert auf deren barockem Hochaltar drei wichtige Bauernheilige stehen: Sebastian (gegen die Pest), Rochus (gegen alle Seuchen) und Laurentius (gegen Feuersgefahr und jegliche Art von „Brand"). Am linken Seitenaltar überrascht eine sitzende Madonna aus der Erbauungszeit der Kirche.

Mühlstetten kündet es eigentlich schon durch seinen Namen an, daß nun die Schwäbische Rezat sehr fleißig wird, wie es einem schwäbischen Wesen zukommt: sie treibt von hier bis hinauf nach Weißenburg mehr als ein Dutzend Mühlen. Allein zwischen Mühlstetten und Pleinfeld sind es die Heinzen-, Macken-, Utzen-, Prexel-, Mäusleins-, Seemanns-, Böschleins-, Reicherts- und Ketschenmühle. Dazu kommen noch drei Mühlen zwischen Pleinfeld und Ellingen und fünf am nördlichen Stadtrand von Weißenburg. Wer nun weiß, daß die nahen Stauseen des „Neuen Fränkischen Seenlandes" zwölf weitere Mühlen am Igelsbach und Brombach (der bei der Mäusleinsmühle in die Schwäbische Rezat mündet) verschluckt haben, der wird zugeben müssen, daß hier einer der mühlenreichsten Räume Frankens ist. Da die noch vorhandenen Mühlen keineswegs mehr in der historischen Weise arbeiten, darf man froh sein, wenn nach dem Bauabschluß des Großen Brombachsees die Mandlesmühle bei Pleinfeld einmal als Mühlenmuseum eingerichtet sein wird.

Mühlen waren ja einst das, was man heute als „Industriepotential" bezeichnet; daher waren fast alle Mühlen in herrschaftlicher Hand und wurden nur verpachtet. Schon zu karolingischer Zeit gab es keinen Königshof, der nicht wenigstens eine Mühle besessen hätte. Es war sogar ein besonders wichtiges Potential, was da so malerisch „in einem kühlen Grunde" stand und im 19. Jahrhundert Maler und Dichter begeisterte, es war ja ein Versorgungspotential für Mehl und Bauholz, von jenen Mühlen gar nicht zu sprechen, die Hammerwerke für alle Arten von Schmieden betrieben, oder – gerade um Roth, Schwabach und Nürnberg – auch Drahtziehereien die notwendige Energie abgaben. So eine Mühlenkette wie die an der Schwäbischen Rezat oder an der „Mühlstraße" des Brombaches war mit Kraftleistung nicht groß gesegnet. Es läßt sich aus den Faktoren „Wasserdurchlauf" und „Gefälle" leicht errechnen, daß die meisten Mühlen kaum über das kamen, was man heute mit 15 PS oder zehn Kilowatt angibt. Das nimmt sich recht bescheiden aus in einer Zeit, in der Kraftwerke (die „Mühlräder" von heute) ihre Leistungen nach Megawatt berechnen.

Die Mühlenkette an der Schwäbischen Rezat und am Brombach (an dessen künstlichem „Großen Brombachsee" ja Pleinfeld und sein Ortsteil Ramsberg bald liegen werden) hat uns nun in den freundlichen Marktflecken Pleinfeld gebracht. Durch das Spalter Tor sind wir hereingekommen, dessen Torquadern ein malerisches Fachwerk-Oberteil aufgesetzt ist. Ins Licht der Geschichte taucht Pleinfeld erstmals im 11. Jahrhundert, als der Eichstätter Bischof Gundekar II. (1057–75) hier eine Kirche weiht. Seit 1136 ist der Ort im Besitz eines gleichnamigen Geschlechts urkundlich nachweisbar, kam im 13. Jahrhundert an die Schechen, die Pleinfeld 1435 an das Hoch-

Markt Pleinfeld

stift Eichstätt verkauften, das es zu seinem Amtsort im „Oberen Stift" ausbaute. Marktrecht erhielt der Ort schon 1401, das kaiserliche Recht zur Befestigung folgte 1486 durch Kaiser Friedrich III.

Die katholische Nikolaus-Pfarrkirche wurde zwar 1927 neu gebaut, doch blieb das alte Gotteshaus als westlicher Querbau erhalten, ebenso die Einrichtung im Stil von Barock und Rokoko. Das einstige Schloß, nahe der Kirche, ist ein einfacher Bau aus gotischer Zeit, der gleich dem ehemaligen Kastnerhaus (heute Pfarrhof) zur Barockzeit verändert wurde. Bäuerliche Sehenswürdigkeiten gibt es im Gemeindeteil Allmannsdorf, wo manches schöne Fachwerkhaus im hohen Giebel Platz für mehrere Hopfentrockenböden hat. Zu Pleinfeld gehört auch Schloß Sandsee, das von außen mit seinen bis zu zwölf Meter hohen Mauern eher den Eindruck einer Festung macht. Von seinen eigenen Vögten, den mächtigen Grafen von Hirschberg (Beilngries im Altmühltal) übernahm das Eichstätter Hochstift Sandsee im Jahr 1302 und baute es zu einem strategischen Stützpunkt im „Oberen Stift" aus. Nach Zerstörungen im Markgräflerkrieg und im Dreißigjährigen Krieg ließ Fürstbischof Marquard II. Schenk von Castell die Schäden im barocken Stil ersetzen. 1817 kam Sandsee in den Besitz des Fürsten Wrede, dessen Familie leider einige Bauten, vor allem den Pallas, abreißen ließ. Doch ist das Schloß „über dem Sand" noch immer eine stattliche und eindrucksvolle Anlage.

Eine Burg, die ein Schloß ist: Ellingen

Zwei einfache Tore, sehr fränkisch und rein zweckmäßig, hat der Markt Pleinfeld, den wir nun verlassen, um über Ellingen nach Weißenburg zu kommen. Die Tore auf diesem Weg steigern sich und künden, Visitenkarten gleich, von den jeweiligen Bewohnern. Ackerbürgerlich schauen die zu Pleinfeld aus, schon weit würdiger, festlicher und repräsentativer zeigt sich das Pleinfelder Tor zu Ellingen, der Deutschordensresidenz, und schließlich läßt sich das Weißenburger Gegenstück, das dortige Ellinger Tor, an Eleganz und reichsstädtischer Würde von kaum einem anderen Torbau in Franken übertreffen. Gehörte dieses Tor sonst zu den geradezu pflichtmäßigen „Postkartenbildern" auf unseren Kalendern und in unseren Farbbildbänden?

Nun aber zu Ellingen. Der Ort wird bereits 899 in einer Urkunde des in diesem Jahr zu Regensburg gestorbenen Kaisers Arnulf genannt. Um 1057 weihte auch hier der Eichstätter Bischof Gundekar II. eine Kirche. Die Geschichte als Deutschordensresidenz beginnt dann im 12. Jahrhundert, als um 1180 Walter und Kunigunde von Ellingen ein Hospital gründen, das Kaiser Friedrich Barbarossa als Lehen übergeben wird und von diesem an Kaiser Friedrich II. gelangt. Dieser überträgt es 1216 an den Deutschherrenorden (nachdem es bis dahin offenbar von Berchtesgadener Augustiner-Chorherren betreut worden war) mit der Bedingung, daß das Spital keinen anderen als den jeweiligen Kaiser oder König zum Schirmherrn haben dürfe. Der Deutsche Orden, auch Deutschherrenorden oder Deutscher Ritter-Orden genannt, wurde 1190 während der Belagerung von Akko als Hospitalgenossenschaft gegründet und bereits 1198/99 in einen geistlichen Ritterorden umgewandelt. An der Spitze stand der Hochmeister. Der Orden war in Balleien gegliedert, denen jeweils ein Landkomtur vorstand, kleinste Einheit war die Kommende mit einem Komtur an der Spitze. Die Ballei Franken entwickelte sich bald zur größten und mächtig-

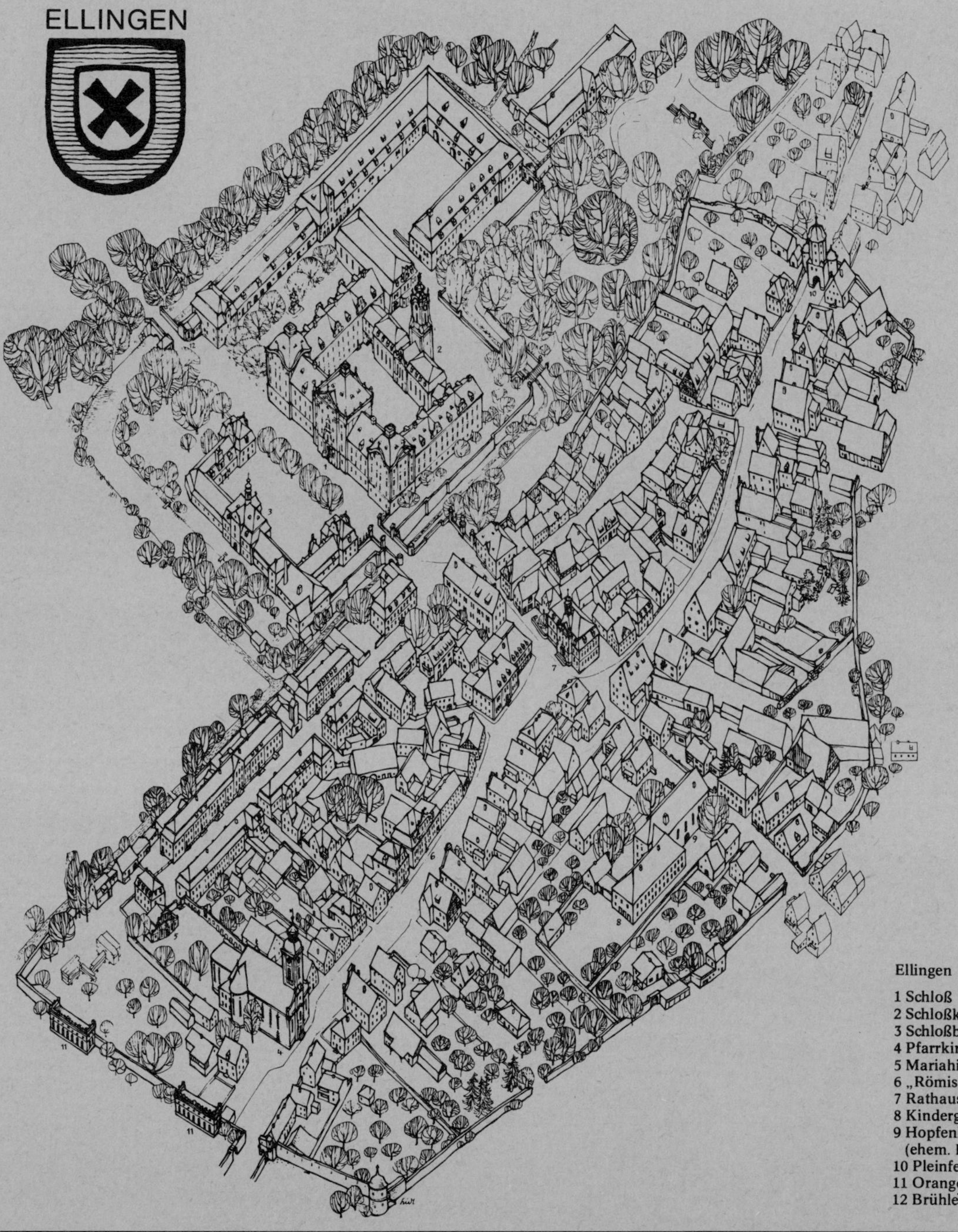

Ellingen

1 Schloß
2 Schloßkirche
3 Schloßbrauerei
4 Pfarrkirche
5 Mariahilf-Kapelle
6 „Römischer Kaiser“
7 Rathaus
8 Kindergarten
9 Hopfenhalle
(ehem. Franziskanerkirche)
10 Pleinfelder Tor
11 Orangeriegebäude
12 Brühler Tor

sten des Ordens, der um 1450 mehr als ein Drittel aller Ordensritter angehörten.

Ellingen war zunächst nur eine Kommende, der Kaiser Ludwig der Bayer 1322 die Hochgerichtsbarkeit übertrug. Der Ort war damals ein offenes Dorf, erhielt erst 1377 das Recht, sich mit Mauer, Graben und zwei Toren zu umgeben. Später wurde Ellingen der Sitz des Landkomturs der Ballei Franken und ab 1788 residierte hier sogar der Deutschmeister. Acht Jahre später annektierte Preußen als neuer Herr der Markgrafschaft Ansbach-Bayreuth die Besitzungen des Deutschen Ordens. Napoleon hob 1809 den Deutschen Orden überhaupt auf, der aber in Österreich überlebte, wo sich ab 1834 der bisher inoffizielle Titel eines „Hoch- und Deutschmeisters" als Oberstem des Ordens offiziell einführte.

Anfänglich stand der Kommende nur eine Wasserburg in Ellingen zur Verfügung. Die Landkomture bauten diese zur Renaissancezeit in eine weite Schloßanlage um, die am Beginn des 18. Jahrhunderts für überholt und teilweise baufällig erklärt wurde. Damit konnte von 1708 bis 1774 die heutige Residenz gebaut werden, wobei der Reihe nach Wilhelm Heinrich Beringer, Franz Keller, Franz Joseph Roth, Matthias Binder und am Ende der Franzose Michel d'Ixnard als Architekten tätig sind und Joseph Anton Roth großartigen Stuck liefert, ganz besonders im Glanzstück der Anlage, im Treppenhaus. Die riesige Baumasse der Residenz steht wie ein architektonisches Gebirge über dem Ort. Man sieht ihr an, daß sie mit ihren kuppelartigen Dachhauben und dem nach Süden, zur Stadt Weißenburg, gewandten Gesicht, auch als eine Herausforderung an die rivalisierende Freie Reichsstadt gedacht war. Als 1815 Ellingen als bayerisches Thronlehen an den Feldmarschall von Wrede kam, bewahrte dieser die Anlage und die Innenausstattung, so daß man noch heute (das Schloß ist seit 1939 im Besitz des Bayerischen Staates) die prachtvollen Räume in der überlieferten Schönheit bewundern kann, besonders das bereits genannte Treppenhaus und die Fürstenzimmer. Zu besichtigen ist außerdem ein Deutschordensmuseum und (seit 1981) ein Ost-

preußenmuseum. Die Schloßkirche Himmelfahrt Mariens und St. Ulrich schließt die Vierflügelanlage der Residenz nach rückwärts ab. Sie geht auf einen einfach gotischen Bau zurück, der 1718 neu gewölbt und um 1750 neu eingerichtet wurde. Die Deckenfresken von 1718 werden dem damals noch jungen Cosmas Damian Asam zugeschrieben, den Hochaltar schuf 1748 der Wessobrunner Franz Xaver Feichtmayer.

Ellingen kann man als eine Art „barockes Gesamtkunstwerk" sehen; denn das 18. Jahrhundert schuf nicht nur die Residenz, sondern auch die neue Pfarrkirche St. Georg (Franz Joseph Roth, 1729–31), das geradezu anmutige Rathaus (Franz Joseph Roth, 1744/47) und die Rezatbrücke (Matthias Binder, 1762) mit ihren acht steinernen Heiligen. Darüber hinaus stand auch das bürgerliche Bauen in dieser Zeit nicht nach, was in besonderer Weise der Gasthof „Römischer Kaiser" dartut. Matthias Binder hat außerdem mit der „Neuen Gasse", die als regelmäßige Stichstraße mit einheitlicher Wohnbebauung angelegt ist, barocke Ordnung auch in ein schlichteres Wohnviertel gebracht.

Neuerdings ist in Ellingen auch der Sprung vom fränkischen Barock in die Römerzeit zu tun. Damals stand hier, nahe der Limes-Mauer, das Kastell Sablonetum, das in den letzten Jahren teilweise ausgegraben und rekonstruiert wurde. Man fand sogar eine „steinerne Geburtsurkunde", aus der hervorgeht, daß – nach heutiger Zeitrechnung im Jahr 182 – das Kastell gebaut oder umgebaut wurde, zur Zeit des Kaisers Commodus. Wer Reste des Limes, der „Teufelsmauer", zwei rekonstruierte römische Wachttürme und die Reste eines Burgus sehen will, muß nur ein paar Kilometer bis Burgsalach wandern. Nahe der dortigen Limes-Reste gibt es auch ein Naturwunder, die „Steinerne Rinne" von Rohrbach.

Weißenburg: Reichsstadt und Römerstadt

Gescheite Autoreisende lassen den Wagen gleich vor dem Ellinger Tor im (kostenlosen) Parkhaus stehen. So wird einem die feierlichste Ankunft in der ehemals Freien Reichsstadt und Römerstadt Weißenburg zuteil: der Gang durch das Ellinger Tor, einem der schönsten Stadttore in deutschen Landen. Ob es die Herren Landkomture des Deutschherrenordens – weil es doch zum ganz nahen Ellingen hinschaut – in seiner Pracht geärgert hat, daß sie deshalb das Aufwendige ihrer Ellinger Barockresidenz gegenüberstellten? Das ist wohl etwas weit hergeholt. Hingegen ist es Tatsache, daß das Ellinger Tor zu Weißenburg mit seinem Turm aus dem 14. und mit seinem bildschönen Vorwerk (das freilich auch großartig seinen Verteidigungszweck erfüllen konnte, man sehe es nur genau an) aus dem frühen 16. Jahrhundert stammt. Drei Tore waren es einst. Leider hat man sich im vorigen Jahrhundert Luft gemacht und das Obere Tor 1874, das Frauentor 1878 abgerissen. Die Stadtmauer mit ihren 38 Türmen aber ist uns geblieben, zeigt sich am fotogensten an der „Schanzmauer", am „Schießgraben" und am „Seeweiher". Und innerhalb dieses Mauerrings haben sich die Weißenburger eine historische Stadt erhalten, die den Besucher beglückt, ohne ihm den Eindruck aufzudrängen, in einem Museum zu wandeln. Man beneidet die Weißenburger geradezu um ihre Stadt, in der wir im Rahmen dieser Abhandlung nun keinen der möglichen Stadtrundgänge veranstalten können, wohl aber die wichtigsten Objekte besuchen wollen.

Die Geschichte Weißenburgs beginnt mit den Römern. Diese erbauten im Hinterland des Limes in den Jahren 81–96, zur Regierungszeit des Kaisers Domitian, das Grenzkastell Biriciana. Der verwendete helle Kalkstein aus der Jura-Umgebung oder die römische Gepflogenheit, ihre Mauern weiß zu verputzen, wird dann später vielleicht dem Ort den deutschen Namen gegeben haben. Um das Kastell muß bald ein größerer Vicus, also eine Zivilsied-

Bronzestatuette des Apollo mit Kithara.

lung mit Handel und Handwerk, entstanden sein, der zentrale Bedeutung hatte. Allein die 1977 ausgegrabenen, großzügig angelegten zivilen Thermen sind dafür ein Beweis. In ihrem erstaunlichen Ausmaß von 42,5 x 65 Metern waren sie nicht nur eine Notwendigkeit der Hygiene, sondern auch eine Art Clubhaus, in welchem man sportelte, sich unterhielt und sicher auch das politische Tagesgeschehen besprach. Nur 200 Meter von den Thermen (die heute teilweise rekonstruiert und überdacht sind) entfernt, lag das Kastell, das schon 1890 wieder entdeckt wurde und heute in seinen Grundlinien zu sehen ist. An die 1000 Soldaten, darunter die vornehme Reitertruppe der „Ala I Hispanonorum", waren hier stationiert. Der Alemannensturm der Jahre 253/54 muß die ganze römische Pracht zerstört haben. Die Römer zogen sich vom Limes wieder an die sicherere Donaugrenze zurück.

Der Spargelleidenschaft eines Weißenburger Hobbygärtners ist es zu verdanken, daß heute im „Römermuseum", einer von der Stadt betriebenen Zweigstelle der Prähistorischen Staatssammlung München, die Objekte eines „Römerschatzes" zu besichtigen sind, der seinesgleichen in deutschen Landen sucht. Am 19. Oktober 1979, es war ein Freitag, wollte der Hobbygärtner in seinem, nahe der zwei Jahre vorher entdeckten Thermen gelegenen Garten, ein neues Spargelbeet anlegen. Dabei stieß er in nicht einmal 40 Zentimeter Tiefe auf grünpatinierte Bronze: unter einem Sieb und einem Eimer lag etwas, das der Entdecker als Teil eines alten Bettgestells ansah. Es war aber ein römischer Klappstuhl. Bald kamen auch umgestürzte Bronzeschalen zum Vorschein, unter denen Bronzestatuetten und silberne Votivbleche lagen. Der Spargel- und Gartenfreund hatte den größten Schatzfund seiner Art in Deutschland gemacht. Nach keineswegs leichten Verhandlungen konnte der Freistaat Bayern 1980 für sehr viel Geld den Schatz mit seinen 156 Objekten für die Prähistorische Staatssammlung erwerben. Heute sind die Objekte, Gegenstände des Alltags, aber auch des Kults, gut restauriert im Weißenburger Römermuseum (das auch Räume eines allgemeinen Heimatmuseums mit einschließt) zu besichtigen.

Vom 6. bis zum 8. Jahrhundert entstanden auf heute Weißenburger Stadtgebiet ein alemannisch-merowingisches Dorf, ein fränkischer Königshof und eine Ansiedlung königlicher Dienstmannen. 867 wird dann der Stadtname mit „UUizinburc" erstmals in einer Urkunde erwähnt. 1028 wird der Ort Hausgut der Salierkaiser, später der Staufer. 1188 muß Weißenburg bereits Mauern und drei Tore gehabt haben. Es wird als „burgus" erwähnt, 1241 dann als „civitas". 1296 ist der Ort Freie Reichsstadt, der schließlich 1431 auch die Hochgerichtsbarkeit, der „Blutbann", verliehen wird.

1338 hatte Kaiser Ludwig der Bayer den Weißenburgern den Stadtwald geschenkt, einen Teil des Reichswaldes. Das macht die Stadt heute noch zu einer der wenigen Gemeinden in Bayern, die mehr als 2000 ha Wald besitzen. In diesem Stadtwald gibt es seit 1929 das „Bergwaldtheater" mit seinen beliebten musikalischen Freilichtaufführungen.

Im Jahr 1524 begann in Weißenburg bereits die Reformation und 1530 schloß man sich der Augsburger Konfession an, 1536 wurde die Lateinschule gegründet. Ab 1588 mußten sich die Bürger von den Ansbacher Markgrafen sehr bedroht fühlen, ließen diese doch das säkularisierte Benediktinerkloster auf der nahen, die Gegend beherrschenden, Wülzburg abreißen und setzten an dieser Stelle eine gewaltige Renaissancefestung mit fünf Basteien. Architekten waren die ansbachischen Hofbaumeister Georg Berwart der Ältere und sein Sohn Blasius. In späteren markgräflichen Zeiten war die Wülzburg ein berüchtigtes Gefängnis. 1882 kaufte die Stadt die Festung. Während der beiden Weltkriege war sie Gefangenenlager, wobei 1918 auch der spätere General de Gaulle hier stationiert war. Seit 1969 wird die riesige Anlage restauriert. Sie beherbergt heute eine Schule für soziale Frauenberufe. Berühmt ist der „Tiefe Brunnen" (133 m) mit einem Wasserhebewerk, das wie ein riesenhaftes Hamsterrad aussieht und in welchem jeweils zwei Männer treten mußten, um die Wassereimer über eine Welle nach oben zu bringen. Freundlicher ist da schon die Zisterne, die Bayernkönig Ludwig I. 1825–31 bauen ließ.

1802 verlor Weißenburg seine Reichsfreiheit, kam an das damalige Kurfürstentum Bayern, 1804 vorübergehend an Preußen und 1806 schließlich endgültig an das nunmehrige Königreich Bayern.

Das Jahr 1983 schließlich war ein Jahr vieler Einweihungen und Eröffnungen: die Restaurierung der Römischen Thermen war beendet, das Römermuseum wurde eingeweiht, ebenso das Kulturzentrum in der profanierten Karmeliterkirche und zum 500. Geburtstag des Reformators Martin Luther wurde hinter der Andreaskirche seine Statue aufgestellt, die der Bildhauer Martin Mayer geschaffen und der Unternehmer Hermann Gutmann gestiftet hatte. Nach all dem Feiern tat etwas Ruhe not, um zur 1900-Jahr-Feier im Jahre 1989 wieder tatenfroh werden zu können.

Nun aber ein wenig durch die Stadt. Der Kern, der eigentliche, ist klein und fast verborgen, heißt „Am Hof" und erzählt mit seinem Namen, daß hier einst der fränkische Königshof, die Urzelle Weißenburgs, gewesen ist. Unübersehbarer: die beiden Marktplätze. Ja, zwei. Der eine ist der „Holzmarkt", der heute Luitpoldstraße heißt. Er ist langgestreckt, wie es altbayerische Stadtplätze gern sind, hat am Westende den Schaugiebel des Rathauses, an der Nordseite die ehemalige Karmeliterkirche, die heute ein feines Kulturzentrum ist. An der Wand des einstigen Chorraums der Karmeliter ein „Santo-Volto-Bild" (= heiliges Gesicht), ein bekleideter Christus am Kreuz, ähnlich der heiligen Kümmernis. Kaiser Ludwig der Bayer, der 1325 die Karmeliter in die Stadt gebracht und der Stadt den großen Wald geschenkt hat, steht auf einem Brunnen (seit 1903) am Ostende der Luitpoldstraße, die nach dem jagdfreudigen bayerischen Prinzregenten benannt ist. Der Kampfgefährte Kaiser Ludwigs, der in der Entscheidungsschlacht von Mühldorf und Ampfing (1322) das Weißenburger Bürgerfähnlein angeführt haben soll, kann seinen bronzenen Kaiser nicht sehen, weil der Stadtbrunnen mit dem „tapferen Schweppermann" („Jedermann ein Ei, dem frommen Schweppermann zwei", hat der Kaiser angeblich nach der Schlacht beim Essenfassen gesagt) zwar an der Rathausfassade steht, doch an der südlichen, die zum zweiten

Platz „Am Hof" mit St.-Andreas-Kirche

Stadtplatz, eben dem „Markt" hinschaut. Und der „Markt" ist viereckiger, fränkischer.

Das Rathaus selbst, 1470–76 gebaut, ist ein Weißenburger Bravourstück. Nicht nur, daß es schöne Spätgotik ist, sondern auch weil es überall hinschaut und alles verbindet: die beiden, im rechten Winkel aneinanderstoßenden Stadtplätze, die vornehme Rosenstraße und selbst in den Platz „Am Hof" sieht es hinein und ebenso zum Martin-Luther-Platz, auf dem das bedeutendste Kunstwerk Weißenburgs steht, die evangelische Pfarrkirche St. Andreas. Unregelmäßigkeit ist an ihr zu erkennen: ein Turm ist verkümmert, während der andere großartig aufragt, über dem Glockenstuhl noch eine Türmerwohnung trägt, von Dach und Laterne gekrönt. Die andere Unregelmäßigkeit erkennt man eigentlich nur beim Blick auf eine Grundrißzeichnung: der wunderschöne spätgotische Chor wurde 1440–65 leicht abgewinkelt an das 1327 geweihte, gotische Langhaus (Ende des 19. Jahrhunderts zur Basilika verändert) angebaut! Kein Vermessungsfehler des mittelalterlichen Baumeisters, Absicht! Es sollte ja auch ein neues Langhaus angebaut werden, in der korrekten Flucht des Chors, nur gingen Mittel und Baulust aus. So hat die Andreaskirche ihren Knick bis heute behalten.

Gehen wir erst um die Kirche herum und dann hinein. Das Brautportal ist ein Kunstwerk für sich, zeigt im Tympanon den Tod und die Krönung Mariens in Steinreliefs des 15. Jahrhunderts. Mitten im Grün, das um die Kirche wächst, steht, breitbeinig und zuversichtlicher als er nach eigenen Worten gewesen ist, der Reformator Martin Luther in Erz, wie bereits gesagt 1983 hierher gestellt. Innen: Der Hochaltar (um 1480) zeigt im Schrein vor goldenem Grund den heiligen Andreas, flankiert von zwei dreiteiligen Flügelbildern mit sechs Aposteln. Die Predella des Sebaldusaltars (1496) ist mit den Vierzehn Nothelfern bemalt, die sich in Franken besonderer Beliebtheit erfreuen. Dem Marienaltar (um 1500), einem Kastenaltar, ist außen die Verkündigung Mariens aufgemalt, im Kasten zeigt er eine vollplastische Muttergottes im Strahlenkranz, freundlich von vier gemalten, musizierenden Engeln begleitet. Ein Weißen-

Martin-Luther-Statue

Spätgotischer Kastenaltar mit Muttergottes

burger Geschichtsdokument ist das „Konfessionsbild", das 1606 vom Nürnberger Wolf Eisenmann gemalt wurde. Es zeigt die Segnungen der evangelischen Lehre und der „Confessio Augustana", des „Augsburger Bekenntnisses". In allen Bildteilen wird dabei auf Weißenburger damalige Persönlichkeiten angespielt.

Den Markt nach Süden hinunter gelangen wir zur evangelischen Spitalkirche, deren gotisches Gehäuse 1729 vom damals schon in Eichstätt wirkenden Gabriel de Gabrieli barockisiert wurde. Ihr Turm trägt zur Charakteristik der Stadtsilhouette bei und erfreut den Betrachter mit dem fotogenen Durchlaß des Spitaltors. Nun noch in eine Apotheke, auch wenn wir nicht nach einem üppigen Mahl in einem der schönen Gasthöfe nach einem Magenpülverchen verlangen. Die Gewölbe unter der „Einhorn-Apotheke" sind es, die anlocken. Hier ist nämlich ein Apothekenmuseum untergebracht, das die jetzigen Besitzer mit jenen Schätzen anfüllen konnten, die einer ihrer Vorgänger, der Weißenburger Apotheker Wilhelm Kohl (1848–98), einst auf dem Dachboden sammelte, weil er meinte, vom historischen Apothekerzeug sollte nichts verlorengehen. Der Historie war dieser Wilhelm Kohl sowieso verschrieben. Er war es ja, der 1890 das Römerkastell Biriciana entdeckte und der 1892 von der „Reichslimeskommission" zum „Streckenkommissar" des Weißenburger Raumes ernannt wurde. Dank seiner Voraussicht gibt es nun im Einhorn-Gewölb so viel Sehenswertes, darunter, nur zum Beispiel, in der Kräuterkammer die „Anacardia", zu deutsch „Elefantenläuse". Das sind keine Riesenläuse, sondern Früchte des Tintenbaumes. Sie wurden kleinen Kindern zum Zweck des leichteren Zahnens um den Hals gehängt.

Aus dem Apothekengewölbe wieder ins Freie und mit der Zeitmaschine 1200 Jahre noch einmal zurück, in jene Tage, da das ganz junge Weißenburg, der Königshof (gleich hinten „Am Hof", wir wissen es ja nun), Residenz Kaiser Karl des Großen gewesen sein muß. Einige Wochen im Herbst 793 war er wohl hier, da er vor der Stadt ein Vorhaben beobachtete und leitete, das europäisches Ausmaß hätte haben können, wäre das Wetter damals nur besser gewesen und der Aberglaube nicht so groß. Karl der Große war zu dieser Zeit von der Tatsache unterrichtet worden, daß die Altmühl und die Schwäbische Rezat zwischen Treuchtlingen und Weißenburg kaum zwei Kilometer auseinander lägen und daß die Europäische Wasserscheide an dieser Stelle nur an die zehn Meter Höhenunterschied aufweise. Also wollte Karl der Große einen Graben von der Altmühl zur Rezat ziehen lassen. Wäre es gelungen, hätte er eine strategisch wie wirtschaftlich wichtige (Klein-)Schiffsverbindung von der Donau zum Rhein gehabt.

Man hat heutzutage berechnet, daß der Kaiser an die 6000 Schanzarbeiter beschäftigen mußte, um in wenigen Wochen 780000 Kubikmeter Erdreich zu bewegen. Die Baustelle und ein Teil des Kanals, der „Karlsgraben" genannt wird, läßt sich heute noch erkennen, gleich beim Dorf Graben, das zur Stadt Treuchtlingen gehört. 1300 Meter ist die Baustelle lang, dazu kommt noch ein Stück Trockengraben bei Dettenheim (Ortsteil von Weißenburg), wo die Rezat erreicht worden wäre, die in Dettenheim entspringt. Gescheitert ist das Projekt an drei Tatsachen: es regnete unaufhörlich und der Regen schwemmte nachts das wieder zu, was am Tag gegraben wurde; den Regen nahmen die abergläubischen Schanzarbeiter als Omen gegen den Bau; die Versorgung der großen Arbeiterschar machte Schwierigkeiten.

Karl der Große brach die Arbeiten ab und zog zur Feier des Weihnachtsfestes nach Würzburg. Geblieben ist eine historische Baustätte, an der die Besucher durch Tafeln gut über alles informiert werden. Der Traum von der Rhein-Main-Donauverbindung blieb ein Traum, wurde im 19. Jahrhundert vom Bayernkönig Ludwig I. in zu kleinen Dimensionen wahrgemacht und soll nun am Ende dieses Jahrtausends in großer Dimension doch noch verwirklicht werden.

Bei Dettenheim liegt die Quelle der Schwäbischen Rezat, die ihren Namen von den Alemannen hat, die hier einst siedelten. Im Dorf selbst, durch das die junge Rezat einst floß, ist nichts mehr zu sehen von ihr. 1960 hat man den Dorfbach zugeschüttet. Die evangelische Pfarrkirche wurde 1862 neu gebaut. Einst war sie der heiligen Barbara und dem heiligen Nikolaus geweiht. Dieser Bischof wäre der richtige Patron gewesen, hätte Kaiser Karls Schiffahrtsprojekt Erfolg gehabt. Ein 1782 erbautes Pappenheim-Schlößchen ist da, weil die Pappenheimer auch im nahen Treuchtlingen saßen. Dorthin wollen wir jetzt aber nicht, sonst müßten wir uns auch noch mit dem Altmühltal befassen. Und das wäre, um mit Fontanes altem Briest zu sprechen, dann doch „ein zu weites Feld".

Fossa Carolina

Dettenheim, am Ursprung der Schwäbischen Rezat

IPHOFEN
UFFENHEIM
ROTHENBURG
FEUCHTWANGEN
DINKELSBÜHL
ANSBACH
NÜRNBERG
FÜRTH
ERLANGEN
SCHEINFELD
WINDSHEIM
NEUSTADT
LEUTERSHAUSEN
HERRIEDEN
WOLFRAMSESCHENBACH
MERKENDORF
ORNBAU
GUNZENHAUSEN
WASSERTRÜDINGEN
TREUCHTLINGEN
PAPPENHEIM
ROTHENBURG ob der Tauber
LEUTERSHAUSEN
ANSBACH
HEILS-BRONN
WINDSBACH
WOLFRAMS ESCHENBACH
MERKENDORF
HERRIEDEN
FEUCHTWANGEN
ORNBAU
GUNZENHAUSEN
DINKELSBÜHL
WASSER-TRÜDINGEN
ÖTTINGEN
WEMDING
DAS RIES
Hesselberg
Hahnenkamm
Spiegelberg
Landsknecht
Feuchtlach Wald
Öttinger Forst
SCHWABEN
WÜRTTEMBERG
Wallerstein

BILDWANDKARTE VON
MITTELFRANKEN
JOHANNES GEYER
DURCHWANDERTE DAS DARGESTELLTE GEBIET VON 1936 BIS 1939 UND ZEICHNETE DIE KARTE 1951 IM AUFTRAGE DES AUSSCHUSSES FÜR VOLKSSCHULGEMÄSSE ARBEITSMITTEL BEI DER REGIERUNG VON MITTELFRANKEN
Die Reproduktion der Bildwandkarte erfolgt mit freundlicher Genehmigung der Fa. OSA, Ansbach.
ZIRNDORF
NÜRNBERG
ALTDORF
SCHWABACH
NEUMARKT
ABENBERG
ROTH
FREYSTADT
SPALT
HILPOLTSTEIN
HEIDECK
BERCHING
GREDING
ELLINGEN
BEILNGRIES
DIETFURT
WEISSENBURG
TREUCHTLINGEN
PAPPENHEIM
EICHSTÄTT
BAIERSDORF
LANGENZENN
HEILSBRONN
WINDSBACH
Ludwig-Donau-Main-Kanal

Fränkische Rezat

Weder die Fränkische noch die Schwäbische Rezat sind daherbrausende Flüsse. Sie haben es eher mit der Ruhe und der Beschaulichkeit. Aber jung sind sie ja beide und so können sie auch über Wehre springen.

Frühling auf den Viehkoppeln bei Oberdachstetten, am Oberlauf der Fränkischen Rezat. Alles noch wie es sein soll: schattenspendende Bäume auf der Weide und hinten der alte Hof mit dem schlichten Fachwerk.

64 „Was weiß der Ochs vom Sonntag . . ." und was wissen die Kühe auf ihrer grünen Weide bei Oberdachstetten schon, daß gar nicht weit entfernt sich die Quellwasser der Fränkischen Rezat auf den Weg zur Nordsee machen.

Praktisch haben sich die Leute von Oberdachstetten, dem Dorf an der Quelle der Fränkischen Rezat, eingerichtet. Der Hügel, der das Haus trägt, gibt auch gleich den Lagerkeller her.

Da soll noch einer sagen, unsere Zeit produziere nur Häßlichkeiten mit den heutigen Gerätschaften.
Freilich wird das Sammelsurium vor einem Häuschen in Oberheßbach bei Lehrberg nicht jedermanns Sache sein.

Vor dem Häuschen am Rand von Oberheßbach wird gezeigt, wie man die Probleme unserer Überflußgesellschaft löst: man gibt den Dingen Farbe und macht auf diese Weise „Antiquitäten". So einfach ist das!

Wie der Bergfried einer Burg steht der Turm der einstigen Kirche St. Jobst einsam auf dem Hügel über dem Markt Lehrberg. Neben der verschwundenen St.-Jodokus-Kirche stand auch einmal eine Burg der Herren von Birkenfels.

Kaum geboren, wird die Fränkische Rezat schon zur Arbeit angehalten, muß Mühlen treiben.
Eine davon ist die Schmalenbacher Mühle, eine Idylle vor den Toren der Regierungshauptstadt Ansbach.

Ansbachs Rokoko ist eine Nuance ernster und feierlicher als der im südlichen Bayern.
Die Residenz hat Gabriel de Gabrieli 1705 begonnen, vollendet hat sie erst 1738 Leopoldo Retti.

Von einer Wachparade hat man nie etwas in Ansbach vernommen, doch die Wachthäuser aus Stein sind da vor der Rokoko-Residenz. Der Putto auf dem Dach scheint die Sache aber nicht sehr ernst zu nehmen.

Unser nostalgisches Zeitalter hat die Freuden und Vorzüge der Altstadt wieder entdeckt. Man fährt zwar zum Supermarkt an den Stadtrand, bummelt aber mit Genuß an den Lädchen der Altstadt vorbei, wie hier in Ansbach.

Markt in der Ansbacher „Reitbahn", Markt für Obst und Gemüse. Das hat sich also gehalten, daß der Stadtbürger an bestimmten Tagen vom Apfel bis zur Zwiebel „frisch vom Erzeuger" kaufen kann.

Auch Ansbach hat sein Stück Rothenburg, Dinkelsbühl oder Nördlingen. Freilich, als sich die Ansbacher mit Mauer und Toren umgaben, war es so friedlich nicht gedacht, wie es heute aussieht.

Ansbach, einmal nicht von der Rokoko-Seite der regierenden Markgrafen her, sondern von der bürgerlichen Seite der Regierten: die schmale Reuterstraße mit dem Herrieder Tor.

Das „Pomeranzenhaus" der Ansbacher Markgrafen-Residenz, vom Hofgarten her gesehen. Nicht die Schauseite wendet die Orangerie dem Hofgarten zu, doch ist es die besonders freundliche Seite.

Das Gartenmeisterhaus mit der sommerlichen Rosenpracht im Ansbacher Hofgarten. Wer möchte daran denken, daß gar nicht weit weg, auch im Hofgarten, der „Findling" Kaspar Hauser 1833 ermordet wurde.

Vergoldet und ziemlich graziös steht Markgraf Georg der Fromme (1484–1543) auf seiner Brunnensäule am Oberen Markt zu Ansbach, nahe dem Rathaus. Er führte, als persönlicher Freund Luthers, die Reformation ein.

Wem er wohl bisher heimgeleuchtet hat, der kleine, steinerne Putto mit seiner Laterne? Und wer ihn wohl zum eigenen Heimleuchten aus dem Ansbacher Antiquitätenladen holt, in den es ihn verschlagen hat?

Jedes Jahr im Juli kleiden sich die Nachkommen einstiger Untertanen in Ansbach so, als wären sie die damaligen Regierenden: „Ansbacher Rokokospiele". Und dabei gibt es natürlich auch Kavaliere zu Pferd.

Die feine Hofgesellschaft von Anno dazumal zeigt sich dem Volke im Ansbacher Hofgarten bei den „Rokokospielen", die alle Jahre im Juli viele Zuschauer anlocken.

 Die Festung Lichtenau der Freien Reichsstadt Nürnberg wurde immer der „Pfahl im Fleisch der Markgrafschaft Ansbach" genannt. Nun, der Pfahl war von sehr bedrohlicher Art, wie man sieht.

Grenzen konnte die Fränkische Rezat schon immer leichter überschreiten als die Bewohner ihrer Ufer.
Ungehindert fließt sie vom markgräflichen Ansbach zum Nürnberger Festungsort Lichtenau.

Ums alte Gehöft wuchert das Grün und läßt sogar so etwas Prosaisches wie ein Odelfaß an der Idylle teilhaben. Und ums Haus steht der Holunder als Wächter gegen Gewitter, böse Geister und Krankheiten.

Wenn auch das Hopfenanbaugebiet von Spalt nicht so groß wie dasjenige in der Hallertau ist: der Spalter Hopfen ist in aller Welt gefragt. Arbeit macht er viel, nicht nur beim Spannen des Hopfendrahts.

Über die Rezatbrücke gelangt man von Westen her durch das Untere Tor in das Markgrafenstädtchen Windsbach. Die 1730 von J. D. Steingruber erbaute Kirche ist Wahrzeichen und Blickfang zugleich.

Vom Oberen Tor schaut der Besucher in ein behäbiges Landstädtchen. Fränkische Fachwerkhäuser und der alte Stadtturm aus dem 13. Jahrhundert veranschaulichen ein Ensemble harmonisch gewachsener Bausubstanz.

 Ein Stück von gestern, nahe der „Gottesruhkapelle“, gleich außerhalb von Windsbach, auf dem Weg nach Wolframs-Eschenbach. Eines sieht man noch heute: fachkundige Maurerhände waren einst hier am Werk.

Fränkische Landschaft kann wie japanische Malerei aussehen, wenn ein feucht-kalter Wintertag zum Beispiel die Ufer der Rezat bei Windsbach mit Rauhreif und sparsamster Farbigkeit verzaubert und verwandelt.

Pastellfarben. Gemischt vom Dunst des Morgens, der noch da ist, und von der Sonne, die noch nicht da ist. Notorische Frühaufsteher wie Jäger und Bauern kennen diese Stimmung, wissen wie das Tal der Fränkischen Rezat –

und daß unser Bild bei Windsbach aufgenommen ist, ist dabei gar nicht wichtig – sich gibt, bevor die Sonne im Osten aufgeht. Sollten nicht andere Leute da auch Frühaufsteher werden, Poeten zum Beispiel?

Das Bild beweist es: zwischen Windsbach und Wassermungenau ist eine der schönsten Strecken des Tales der Fränkischen Rezat. In freundlichen Mäandern darf der Fluß durchs grüne Land dahinschlängeln.

Ein wenig an die Bilder Albrecht Altdorfers und seiner Donauschule erinnert das Bild vom Schloß in Dürrenmungenau, das einst eine Burg gewesen ist, auf der schon 1142 ein Chunrat de Mungenove saß.

94 Blick an einem dunstigen Tag von der Burg Wernfels, die heute Jugendherberge ist und einstmals Sitz der Amtsherren des Fürstbischofs von Eichstätt war. Drunten, als wäre es zeitlos, liegt Wassermungenau.

Die andere Seite der Fränkischen Rezat. Ihr Wintergesicht. Da ist es vorbei mit der Idylle silberner Wellen. Eisgang kann den Fluß breit und gefährlich machen. Freilich benötigten die Bierbrauer einst das Eis zum Kühlen.

Ein Stück Bauernland zwischen der Burg Wernfels und dem Dorf Wassermungenau. Schnurgerade Ackerfurchen und gelber Raps. Übrigens lebte da von 1850 an der Lehrer Georg Schneider in Dürrenmungenau.

Er hat ein Stück landwirtschaftlichen Fortschritt gebracht, als er den Anbau der gelben Lupinen anregte.
Er empfahl sie als Gründüngung, damit die Äcker um das Dorf größeren Ertrag brächten.

Sonderkulturen sind das Kennzeichen des Schwabacher Landes um Spalt. Neben Hopfen wird hier auch Tabak angebaut. Kurz vor und während der Ernte gibt es hier ein wenig die Atmosphäre von Virginia.

Schon als Goethe durch das Schwabacher Land reiste, fielen ihm die Tabakfelder auf. Und noch heute wird diese Art „Kraut" für den Liebhaber des „Blauen Dunstes" im Tal der Fränkischen Rezat angebaut.

 Mitten im großen Abenberger Wald liegt er herum, der Druidenstein. So heißt man ihn jedenfalls. Ob er je einem keltischen Priester zur Naturbeobachtung oder zu Weihehandlungen diente, kann man nicht sagen.

Keltische Zeugnisse gibt es genug in der Gegend. Am Bärenberg, nicht weit vom großen Stein entfernt, zeichnet sich ein keltischer Ringwall im Gelände ab. Warum sollte das seltsame Naturgebilde dann kein Druidenstein sein?

 Aus dem 13. Jahrhundert, als die Herren von Rindsmaul ihre Burg Wernfels, hoch über dem Tal der Fränkischen Rezat, bewohnten, ist so viel wie nichts erhalten. Doch die beherrschende Lage erkennt man auf den ersten Blick.

Wo die Fränkische Rezat ein Knie bildet, liegen die Häuser von Höfstetten. Besonders zur Winterszeit sieht der Weiler, der zum Städtchen Spalt gehört, so aus, als wäre die Zeit stehengeblieben.

104 Das Erlbachtal im schönsten Maienkleid. Gelbe Tupfen des Löwenzahns auf der grünen Wiese.
Das Seitental der Fränkischen Rezat bei Spalt macht seinem Namen Ehre. An Erlenbäumen fehlt es nicht.

Das bescheidene Schlößchen Untererlbach bei Spalt, abseits gelegen im freundlichen Erlbachtal.
Eine beneidenswerte Idylle. Beneidenswert der, der in solch freundlicher Abgeschiedenheit leben darf.

Da war man früher rasch zur Hand: wo eine Felsenhöhle wie das „Zigeunerloch" zwischen Spalt und Kalbensteinberg vorhanden war, vermutete man allerhand „Fahrendes Volk" im Versteck.

Der Burgsandstein im fränkischen Keuperland hat das Labyrinth des „Zigeunerlochs" zwischen Spalt und Kalbensteinberg aufgebaut. Das Gestein nennt sich übrigens nach dem Nürnberger Burgfelsen!

 Die Stadt Spalt kann sich rühmen, das älteste Hopfensiegel Deutschlands zu besitzen, von 1538! Und mit dem Bauernhaus „Mühlreisig" von 1746, seinem Fachwerk und den Trockenböden, hat es noch einen besonderen Schatz.

Zweien gehören die leeren Felder im Herbst: dem Wind und dem Schäfer mit seiner friedlichen Herde.
Für den Schäfer und seinen Hund ist es keine Romanze, doch einen anderen Beruf möchten beide nicht haben.

Carl Maria von Webers „Freischütz" könnte hier, im Schnittlinger Loch, seine verhexten Gewehrkugeln gegossen haben. Die romantische Burgsandstein-Schlucht ist in wärmerer Zeit ein beliebtes Wanderziel.

Keine Tropfsteinhöhle, sondern grimmiger Winter im Schnittlinger Loch bei Spalt. Angesichts der schweren Eiszapfen sind jene widerlegt, die da immer behaupten, Eis und Schnee gäbe es nur im Gebirge.

Schlichter kann eine Kapelle kaum sein, als diese in Massendorf bei Spalt. Und doch mag seit ihrem Bau so mancher Mensch in seiner Not hier Hilfe gesucht haben, bei der Heiligen Familie.

Die Kirchen in und um Spalt und auch so manches Marterl am Wege, wie das hier bei Massendorf, zeigen es schon allein, daß hier die Welt unter dem Fürstbischof von Eichstätt gut katholisch gewesen ist.

Ein Gemälde der Stadt Spalt, vom sonnigen Dunst bestimmt. Um die Kirchtürme ducken sich die alten Ackerbürgerhäuser und das bedeutendste Produkt der Spalter ist als Stangenwald zu sehen: Hopfen.

Freilich ist er schon auf dem Weg in die Brauereien. Dort unten gibt es eine Höllgasse und eine Gänsgasse. Aber auch eine Gasse „Bettelmanns Umkehr". Ob da einstmals sichtbare Armut die Bettler umkehren ließ?

Keine alte Ritterburg im Frühlingsschmuck, sondern ein Stück von der historischen Stadtmauer von Spalt.
Das Städtchen der Eichstätter Fürstbischöfe mußte sich wehren können gegen angriffslustige Nachbarn.

Licht ist Zauberei, weil es Schatten hervorbringt. Da kann am westlichen Rundwanderweg in Spalt eine alte Scheunenfront mit ihren ausgebleichten Holzläden barmherzig in Schatten getaucht werden, während junges Grün im hellen Licht der Sonne steht.

Alle fünf Jahre spielen sie in Spalt um den Johannistag im Juni die „Nürnberger Reis". Da wird alles auf der Freilichtbühne wieder lebendig, wie es damals war, als die reichen Nürnberger das kleine Spalt belagerten.

Am Fasnachtsdienstag gibt es in Spalt einen besonderen Brauch. Die „Spalter Fleckla" ziehen mit Holzmasken und einem Gewand mit Rautenflecken durch die Stadt, jederzeit zum Schabernack bereit.

 Morgensonne über dem Igelsbach-Vorspeicher im „Neuen Fränkischen Seenland". Neues Seenland? Liegt es nicht da vor dem Auge des Frühaufstehers, als wäre es das schon immer dagewesene Land fränkischer Seen?

Nicht nur die Damen und Herren Segler werden noch in den Betten liegen, auch der Wind schläft zu der Stunde vor Sonnenaufgang. Doch bald werden sich die Segel wieder blähen am Kleinen Brombachsee.

 Eine Wiese mit Blumen, ein paar blühende Obstbäume darin – und ein schlichter Grenzstein. Irgendwo im Land der Fränkischen und Schwäbischen Rezat. Der Fürstbischof von Eichstätt dürfte ihn gesetzt haben.

Die Egelmühle zwischen Spalt und Wasserzell macht es in ihrer geschlossenen Bauweise besonders deutlich, daß Mühlen in früheren Zeiten ein kleines Reich für sich waren und den Besitzer wohlhabend machten.

Dreimal Gmünd in Georgensgmünd: Petersgmünd, Friedrichsgmünd und eben Georgensgmünd. Irgendwo zwischen diesen drei Ortsteilen vereinen sich Fränkische und Schwäbische Rezat zur Rednitz.

Wie schön sich altes Fachwerk an die Wohnbedürfnisse unserer Tage anpassen kann, sieht man in Franken an vielen Orten. Ein besonders gutes Beispiel dafür bietet dieses Haus in Georgensgmünd.

 Der Judenfriedhof in Georgensgmünd. Seit dem ausgehenden Mittelalter war Georgensgmünd ein bevorzugter Wohnort für Juden. 1845 machten sie zwanzig Prozent der Bevölkerung aus.

Der Judenfriedhof ist einer der größten in Franken. Der älteste Grabstein stammt von 1596.
Die Georgensgmünder Judenfamilien waren Nachkommen vertriebener Juden aus Aragonien.

 Erster Gruß der Sonne im Tal der Fränkischen Rezat. Die Welt ist rot und schattengrau. Weißer Dunst errötet und das Rezatwasser auch. Ob die lieben Fische schon wach sind? Oder gar schon die Angler?

Schwäbische Rezat

130 Ein altes Wehr an der Schwäbischen Rezat. Wenn man will: ein Industriebauwerk. Dabei sieht das Gebilde aus Stangen und Zahnrädern eher malerisch aus. Nun, ein Wehr ist schließlich Teil der Mühlenromantik.

Nach Frühling schaut es nicht aus im dämmerigen Winterwald. Doch Hoffnung scheint schon da zu sein, daß das Wasser des kleinen Nebenbaches der Fränkischen Rezat nicht mehr zufrieren wird.

 Gut behütet überquert man in Pleinfeld auf einem überdachten Holzsteg die Rezat. Das Geschlecht der Pleinfelder wurde schon im Parzival des Wolfram von Eschenbach erwähnt. Seit 1483 hat der Ort Marktrecht.

Wenn der Große Brombachsee in einigen Jahren fertig ist, wird Pleinfeld ein Uferort. Schon heute aber kommt man zur Erholung nach Pleinfeld, weil es außer Stellwagenfahrten noch allerhand Freizeitliches gibt.

134 Wenn der Markgraf von Ansbach seine Festung bei Weißenburg baute, so brauchten die Fürstbischöfe von Eichstätt auch eine feste Burg. Ihre war Schloß Sandsee mit seinen festen und hohen Mauern.

Das sind die Tage, die den nahenden Winter vergessen lassen: wenn die Herbstsonne am strahlend blauen Himmel die sterbenden Blätter vergoldet, eine Allee wie die bei Sandsee, zur „Raschel-Avenue" wird.

136 In kaum einer anderen fränkischen Kleinstadt ist das Barocke so vorherrschend wie in der einstigen Deutschordensresidenz Ellingen. Auch die Pfarrkirche St. Georg ist Barock aus den Jahren 1729–31.

Ein Kirchlein am Ufer der Schwäbischen Rezat bei der Deutschordensstadt Ellingen. Weiße Ufer säumen das Flüßlein, das von der Quelle bei Dettenheim bis zur Mündung bei Georgensgmünd einen kurzen Weg hat.

138 Auch geistliche Herren konnten große Baulust verspüren, auch die Landkomturen der Ballei Franken, die sich in Ellingen im 18. Jahrhundert eine prachtvolle Residenz bauen ließen.

Die schönste Brücke am kurzen Lauf der Schwäbischen Rezat ist diejenige in der alten Deutschordensresidenz Ellingen. Steinerne Heilige stehen Spalier. Gebaut hat die Brücke 1762 Matthias Binder.

 Römerzeit. Die Sonne haben die Legionäre im Grenzkastell „Sablonetum" beim heutigen Ellingen genauso aufgehen sehen über ihren schweren Mauern. Nur wußten sie nicht, ob ihnen der Tag und die Germanen Gutes bringen.

Der 1979 in Weißenburg aufgefundene Römerschatz hat nun ein eigenes Museum. Eine der Kostbarkeiten ist die Statuette des Gottes Apoll. In fast weiblicher Haltung stützt er sich auf seine Kithara.

Achtunddreißig Türme stehen noch immer von der alten Weißenburger Stadtwehr. Und noch viel vom Mauerwerk des Mittelalters. Malerischster Teil am fast vollständig erhaltenen Mauerring ist der Seeweiher.

Frühling an der Weißenburger Stadtmauer. Was heute Idylle erscheint, war einst harte und teuere Notwendigkeit. Nur hinter festen Mauern war der Bürger wirklich frei, weil er vor Feinden geschützt war.

144 Drei große Tore führten in die einstmals Freie Reichsstadt Weißenburg. Geblieben ist nur das Ellinger Tor mit seinem Turm aus dem 14. und dem Vorwerk aus dem 16. Jahrhundert. Wer kennt es nicht?

Als starke Renaissance-Festung bauten die Ansbacher Markgrafen die Wülzburg als Drohung gegen die Freie Reichsstadt Weißenburg und das Fürstbistum Eichstätt. Zisternen und Hebewerke sicherten die Wasserversorgung.

 Das nennt man eine schöne, feste „Haustür" für eine Stadt: durch einen mächtigen Bogen des Ellinger Tores betritt man die einstmals Freie Reichsstadt Weißenburg. Was für ein stimmungsvoller Auftakt!

Gut, daß anno 1325 Herr „Heinrich zu Heydeck" in Weißenburg ein Karmelitenkloster stiftete, das sich bis 1544 hielt. Heute sind Kirche und Klostergebäude das Kultur-, Kongreß- und Tagungszentrum der Stadt.

148 Oberhochstatt, eines der Dörfer im Umkreis von Weißenburg, im Winterkleid. Das Dorf liegt auf der hügeligen Hochebene, über die sich vor zwei Jahrtausenden der römische Grenzwall des Limes hinzog.

Schöne Graphik, das winterliche Bild mit den Scheunen auf den Feldern. Es steckt aber viel Sinn dahinter. Scheunen im Dorf nahmen Platz weg und erhöhten die Brandgefahr. Und dazu kam noch der nahe Weg vom Acker zur Feldscheune.

Ausflüge die sich lohnen

152 Für viele Menschen auf der Welt ist Rothenburg ob der Tauber der Inbegriff der deutschen Städte-Romantik. Ganz unvergleichlich ist auch das Bild der Stadt, die im Dreißigjährigen Krieg bekanntlich durch einen wahrhaften „Meistertrunk" des Altbürgermeisters Nusch Gnade vom Feldmarschall Tilly erhalten haben soll. Die Freie Reichsstadt war nach Nürnberg die bedeutendste der fränkischen Reichsstädte, wurde durch Handel und Gewerbe reich und verfügte über ein weites Umland, die sogenannte Landwehr. Da konnte man freilich so schön und fest (wie die Spital-Bastei auf unserem Bild) bauen, daß heute noch alle Welt staunt.

Was für ein malerischer Winkel um den Faulturm in Dinkelsbühl! Dabei ist der nur ein bescheidenes Kleinod in der Schatzkammer des Mittelalters, als die man die ehemals Freie Reichsstadt Dinkelsbühl ansehen kann. Gleich den Rothenburger Nachbarn haben die Dinkelsbühler auch ihre Erinnerung an den Dreißigjährigen Krieg. Im Festspiel der „Kinderzeche" zeigen sie, wie die „Kinderlore" und die kleinen Dinkelsbühler einen schwedischen Befehlshaber gnädig gestimmt haben. Die großen baulichen Schätze in der Stadt sind die St.-Georgs-Kirche, Süddeutschlands schönste Hallenkirche, und Bürgerbauten wie das prachtvolle „Deutsche Haus".

154 Um Gunzenhausen, Muhr am See, Absberg und Roth entstand in den letzten Jahren als größte Wasserbaumaßnahme der bayerischen Geschichte das „Neue Fränkische Seenland" mit dem Altmühlsee bei Gunzenhausen, dem Igelsbach-Vorspeicher und dem Kleinen Brombachsee bei Absberg und Pfofeld, dem Großen Brombachsee (im Bau) bei Pleinfeld und dem Rothsee bei Roth. Neben dem rein technischen Zweck, die Wasserarmut Nordbayerns zu beheben, kam ein zweiter großer Effekt: Mittelfranken hat nun zwischen Altmühl und den beiden Rezatflüssen ein großartiges Erholungsgebiet mit einer Wasserfläche, die zusammen größer als der Tegernsee ist.

Sonnenaufgang über Merkendorf. Der Ortsname täuscht; denn ein Städtchen ist Merkendorf, gleich seinem Nachbarn Wolframs-Eschenbach. Doch werden viele den Ort schon deshalb für ein Dorf halten, weil dazu der Ruf als Krautmetropole besser paßt. Aber wer dann – wenn die Sonne den Tag heller werden läßt – die festen Stadtmauern sieht mit den drei Stadttoren und dem Alten Rathaus mit seinem Fachwerk überm Steinsockelbau, bekommt schon Respekt, freut sich, daß er hierher gereist ist. Merkendorf gehörte einst zur Zisterzienserabtei Heilsbronn und erhielt schon 1398 vom König Wenzel Erlaubnis für Stadtmauer und Jahrmarkt.

156 Nach wie vor wird das Wolframs-Eschenbacher Stadtbild vom Liebfrauenmünster geprägt. Doch fränkische Idylle erwartet einen, wenn man durch das Untere Tor im Osten der Pfarrkirche zustrebt. Der rechte Seitenaltar wird der Riemenschneiderschule zugeschrieben. Das herrliche Relief der Kreuzauffindung durch St. Helena vereinigt romanische, gotische und barocke Stilelemente. Das mittelalterliche Stadtbild setzt sich mit dem Alten Rathaus, dem Neuen Rathaus (als Deutschordensschloß erbaut), der früheren Vogtei und der ehemaligen Fürstenherberge fort, bis die Hauptstraße im Westen ins Obere Tor mündet.

Die Burg von Abenberg, im Land zwischen der Fränkischen Rezat und der Aurach gelegen. Hoch ragt sie über dem Städtchen auf, das von Hopfengärten gesäumt wird. Die Burg ist der Stammsitz der mächtigen Grafen von Abenberg gewesen, die sogar einen Erzbischof von Salzburg hervorbrachten. Abenberg ist die Stadt der seligen Stilla, einer Tochter des Grafenhauses, die sich ganz den Notleidenden widmete. Nach ihrem frühen Tod entwickelte sich bald eine Wallfahrt, deren Tradition heute das Kloster Marienburg auf einem Hügel am Stadtrand fortsetzt. Es ist das deutsche Mutterhaus der „Kongregation der Schwestern von der Schmerzhaften Mutter".

158 Schwabach, die alte Hohenzollernstadt, hat einen unvergleichlich schönen Stadtplatz, zu dem sein eigentlicher Name, „Königsplatz", gut paßt. Das ist nun wirklich, seitdem er Fußgängerbereich ist, eine wahre „Gute Stube", mit dem Rathaus von 1528, dem klassizistischen Pferdebrunnen von 1823 und dem „Schönen Brunnen" von 1717, aus dem unser Bild einen Ausschnitt zeigt. Die Schwabacher konnten sich allerhand Schönheit für ihre Stadt leisten, lagen sie doch nicht nur an der wichtigen Straße, die von Nürnberg nach Venedig ging, sondern hatten ihre fleißigen Buchdrucker, Nagelmacher und Goldschläger.

Für die alte Oberamtsstadt Roth der Markgrafschaft Brandenburg-Ansbach war es schon gut, daß Markgraf Georg der Fromme im 16. Jahrhundert große Besitzungen in Schlesien erwarb und dann sein Schloß in der Stadt Roth baute, das er nach dem schlesischen Ratibor benannte. Unser Bild gibt einen Eindruck von der Schönheit dieses Schlosses, das heute Rathaus und Kulturstätte zugleich ist. Im Heimatmuseum, das im Schloß untergebracht ist, kann man sich darüber informieren, daß in der Stadt schon immer die Drahtzieher zu finden waren. Diese „Leonische Kunst" fertigt feine und feinste Drahtgespinste für die ganze Welt.